Best Time

白 马 时 光

# 人际
# 断舍离

辛华 著

百花洲文艺出版社

BAIHUAZHOU LITERATURE AND ART PRESS

## 图书在版编目（CIP）数据

人际断舍离 / 辛华著 . —南昌 : 百花洲文艺出版社 , 2023.9
ISBN 978-7-5500-5166-9

Ⅰ . ①人… Ⅱ . ①辛… Ⅲ . ①人际关系－通俗读物
Ⅳ . ① C912.11-49

中国国家版本馆 CIP 数据核字（2023）第 071751 号

# 人际断舍离
RENJI DUAN SHE LI

辛华 著

| | | | | | |
|---|---|---|---|---|---|
| 出 版 人 | 陈 波 | | 出 品 人 | 李国靖 | |
| 特约监制 | 王俊艳 | | 责任编辑 | 黄文尹 | 程昌敏 |
| 特约策划 | 王俊艳　刘丽娟　陈玉潇 | | 特约编辑 | 陈玉潇 | |
| 封面设计 | 花在开工作室 | | 版式设计 | 彭 娟 | |
| 营销编辑 | 王 荃　高庆成 | | | | |

**出版发行** 百花洲文艺出版社
**社　　址** 南昌市红谷滩区世贸路 898 号博能中心Ⅰ期 A 座 20 楼
**邮　　编** 330038
**经　　销** 全国新华书店
**印　　刷** 三河市金元印装有限公司
**开　　本** 787mm×1092mm　1/32
**印　　张** 8
**字　　数** 108 千字
**版　　次** 2023 年 9 月第 1 版
**印　　次** 2023 年 9 月第 1 次印刷
**书　　号** ISBN 978-7-5500-5166-9
**定　　价** 49.80 元

赣版权登字：05-2023-99

发行电话　0791-86895108　　　　　　网　址　http://www.bhzwy.com
图书若有印装错误，影响阅读，可向承印厂联系调换。

# 序 言

你现在还有结交新朋友的渴望吗？

你会直接拒绝不想参加的邀约吗？

你愿意为了融入圈子主动找话题聊天吗？

你愿意在社交中照顾他人的情绪吗？

你的人际关系，让你觉得累吗？

当我向很多人问起这些问题的时候，得到的几乎都是"人际关系太累了！""不想社交"诸如此类的答案。

不知道从什么时候开始，社交变成了一种消耗，维系人际关系也让人越来越疲惫，人们在社交中很难获得快乐和幸福感。不爱社交，又不得不社交，越来越多的人在这种困境中不断挣扎。

我有一个朋友，她朋友很多，饭局不断。她不断地维系各种各样的人际关系，为自己储备人脉。她习惯了这种生活，觉得这是一种成功。可有一天，她发现自己常常为了朋友们的各种事情忙得焦头烂额；她注意到自己经常在深夜里拖着疲惫的身躯回到家中；她看到自己的书架上落了不少灰尘；她想到自己规划的很多事情都没有完成……

她忽然发现，人群中的她好像没那么快乐，她花了不少精力去社交，真正属于自己的时间少之又少。她认真审视现存的一些人际关系后，发现自己甚至不太确定为什么要这么努力地去维系。

没错，那个"朋友"就是我，曾经的我，另一个我。

这种疲惫感来自哪里？

社交本无错，人际关系有时候会在人生中给予我们关键的助力。但当它的作用从优化自我变成消耗自我时，便会让人觉得疲惫、反感、不快乐，无法再提供任何现实价值和情绪价值。

要怎样才能从这种疲惫中抽离出来？

此时，梳理人际关系，舍弃劣质社交，便成了迫在眉睫的事。

人类是高度社会化的物种，每个人从出生那刻起便不断与他人发生着联系，社交就如同衣食住行般重要。虽然社交很重要，但比起不断社交，如何疏解社交中的疲惫感，反而更重要。

告别无效社交，"清理"与人的关系，是通往高层次人生境界的一条途径，也是本书的意义所在。

扔东西，整理物品，可以提升生活品质；同样地，用"断舍离"的方式整理人际关系，也是为人生减负的高效选择。

所以，要想获得高质量的人生，我们应该学会给人际关系"松绑"，将心灵清扫干净，制订科学的人际断舍离计划，探寻如何轻松应对各式社交难题，找寻真正的自我，不断优化人际关系，最终形成轻松、舒适、高效的社交方式。

"合群"从来不是一个人的标配。有时候，一个人的时光，反而会带给我们意想不到的快乐和满足。

# 目录
Contents

## 第七章

# 攻城易，守城难

如何防止人际关系恶性反弹

第一章

# 人际关系的"绑匪"

**是什么让你的社交如此疲惫**

## 1. 交友广泛的"孤独病"患者

城市里熙熙攘攘，可到处都是孤独的人。

为了排解孤独，很多人广交朋友，因为大家似乎都默认，朋友能赶走孤独，我们可以在社交中抱团取暖。

很多人在聚会上谈笑风生，人群四散后却只感到疲惫和空虚。很多人四处参加活动，广交人脉，忙于应酬，而在寻求助力时却四处碰壁。广泛交友并不能消除一个人的孤独，短暂的热闹也无法排解心底的孤寂。

所以，城市中有了越来越多交友广泛的"孤独病"患者。朋友越多，内心似乎愈加孤寂。在如此强烈的反差下，人们对社交充满失望。

## 接纳孤独的常态，学会和自己相处

社会是一张人与人交织而成的网，每个人都身处不同的社会关系中，与不同的人产生或近或远的联系。我们习惯了与人相处，却常常忽视了与自己相处。

独处时，他们无所适从，做什么都觉得无趣；心情不好时也无处发泄，越来越苦闷；等等。于是只能在各种各样的社交活动中找出路。

很多人害怕孤独，抵触孤独，本质上是拒绝和自己相处。可大多数时候，社交能填满的只是时间，却填不平内心深处的空虚和孤独。

与其向外寻求陪伴，不如向内充盈内心。

内心的丰富，需要由外向内浇灌。和自己沟通，给自己支持，制订计划，做有意义、有趣的事。先让自己的生活丰富起来，这些从生活里积聚的力量会渗透内心的土壤，长出一片独特的风景。

如果你有自己的爱好，那就尽情去做吧！把独处的时

间用在发展爱好上，读书、绘画、跑步……这都会让你感
到充实快乐。

如果你有一个计划，那就大胆去执行吧！学一项技
能，做一份兼职，考一个证书……这些事情都能让你忙碌
起来。

如果你没什么明确的爱好和目标，也没有关系。认
真生活，也是一件可以让独处变得丰富而有意义的大事。
你可以为自己烹饪一道美食；整理一下衣橱；去林间散
步；和偶遇的小动物打招呼；为夕阳拍一张照片……

孤独就像是一张白纸，你可以任意"创作"。况且，
这个五彩斑斓的世界，有太多有趣的事情可做。

我接触过很多的年轻人，他们有关系很好的朋友，
聚在一起时充实愉快，独处时又很享受孤独，这是一种很
舒服的状态。而这种状态之所以会令人感到舒适，是因为
自己保持了独立和自由。

孤独不一定会带来痛苦，它的本质是一种独立的生命
状态。也正因为独立，所以才能自由地穿梭于人群之中，

自由地游走在孤独之中。

当我们不再依附别人，不再一味渴求获取他人的支持和理解的时候，才能真正地面对孤独，在孤独里发现美好。

## 朋友没有责任为我们排解苦闷

你是否有过心情苦闷，想找朋友倾诉，又碰巧对方正在忙碌的情况？

这种情况太寻常了，可能是你准备向好友倾诉时，对方正因加班忙得焦头烂额；可能是一次你做好充足准备又被对方突然推掉的约会；又或者是一段写了很长，最后又删掉的信息……往往这种时候会让人倍感孤独。

每个人都在为自己的人生奔忙，即使是再好的朋友也没有义务时刻为我们分担负面情绪。而且向朋友倾诉，也未必真的能够纾解苦闷。

很多时候，苦闷源自内心，也终是需要靠自己化解。一个人听听音乐，享用美食，给自己买一件心仪的礼物……愉悦地享受孤独，哪怕是在无人问津时，独自大哭一场，释放一次，孤独也会给我们正向反馈。当我们不再渴望用人群挤压孤独，也就真正地学会了与孤独相处。

每个人都有自己要承受的压力，不过多地寄希望于让朋友帮自己排遣孤独，我们和朋友相处起来才能更轻松。

## 对朋友抱有过高的期待，也会陷入孤独

有的人看似朋友很多，时常呼朋引伴地出行游玩，日子过得十分热闹。但这世上多的是锦上添花之辈，少有雪中送炭之人。平日的好友，在你遇到危难之时，又有几人会向你伸出援助之手？

我听过、看过很多人在和朋友决裂后陷入痛苦或愤怒，他们不断诉说曾经要好的伙伴如何不堪。当初自己如何真诚的付出，对方却在自己需要帮助的时候表现得非常糟糕。

没错，身处困境时孤立无援确实会让人感到孤独。但换一个客观的角度去看这个问题，人与人对彼此关系远近、对同一件事情的判断常常存在偏差。

你希望朋友帮你填平一个坑，朋友觉得帮你填一抔土已经是尽了情分；

你以为朋友一定会帮忙的事，朋友可能真的很为难，或者认为没有必要。

拉齐彼此内心的标尺的难度不亚于在这世界上寻找两片相同的叶子。又何必如此？

人性经不起考验，友情经不起试探。人生的路，终究是要靠自己走。不高估与别人的关系，不低估自己的能量，不过分寄希望于别人雪中送炭。自己成为一个发光发热的人，反而不会孤独。而当你的能量足够强大的时候，也更有人愿意主动向你靠近。

孤独本身并不苦涩，因为害怕孤独而强行把自己投入社交中，反而是一种苦难。

## 2. 毫无边界的"好心人"

一个心地善良总是在付出的人，却常被欺负，这样看似荒谬又戏剧的情节，却常在生活里上演。

我们周围经常会有这样一种人，他们处处替人着想，次次妥协退让，本以为这样就可以不得罪任何人，最后换来的却是别人毫无顾忌的索取。

他们常常被发"好人卡"，人们也往往给他们贴上一个标签：老好人！

在社交关系中，老好人总是以善良、好说话，甚至是好欺负的形象出现。他们常常会为了满足别人的要求，使自己陷入一种身不由己的境地。

善良是高贵的品质，但没有原则、没有底线的善良，只能喂养别人的贪婪，同时也把自己拖进令人疲惫的人际关系中，使自己痛苦不堪。

所以，老好人总是会有很多社交烦恼，这些烦恼，多数都是因为试图满足所有人而自找的。

## 老好人的心理逻辑

领导看你好说话，经常给你分配过量的任务；同事看你好说话，经常让你代劳一些工作；亲友看你好说话，经常找你帮忙……老好人常常为了别人的事情而忙碌。这种忙碌并非出于本心，很多时候让自己感到疲惫和痛苦。

别人无所顾忌地驱使你，习惯性地麻烦你，都是来源于你的默许——你默许自己在社交中成了一个甘愿付出的服务者。

老好人心中的这份默许又来自哪里？

来自一个错误的社交逻辑。

他们默认委曲求全会换来良好的社交关系。而事实上，这种社交关系是失衡的，本属于其他人的压力最终都变成了自己的。

老好人在面对别人的求助时，几乎不懂得拒绝。只要别人开口，不管大事小事，就算委屈自己，也要为别人提供帮助。

过度的善良会成为弱点，成为别人侵犯的入口。没有边界的热心，只会助长别人的嚣张气焰。

有时候，收到帮助的人一声"谢谢"，对方也未必真正感激你。如果某一次不能像以往一样为对方提供帮助，反而会招来嫉恨。

老好人在与人交往时总是倾向于比对方多付出，却很少要求回报。与人交际时，总有一种"牺牲感"。这样失衡的相处模式，却是他们默认的"平衡"。所以，他们特别不善于为自己争取合理的回报。尤其是在职场中，老好人在做出了重要贡献的时候，往往过分谦让，反而可能让别人领了功。这种"牺牲感"既让他们感到满足，又让他们痛苦不堪。

老好人还有一个奇怪的逻辑，就是在拒绝别人的时候，认为自己应该怀有歉意。他们的态度和情绪反馈，将原本是一种权利的"拒绝"变成了亏欠。所以，当对方再进一步提出请求的时候，便会很容易应允对方。比如，当对方说出类似"求求你，再帮我这一回！""拜托帮帮忙，不然我这次损失惨重！"这种理由的时候，在老好人的心理模式中，会认为对方如此诚恳，自己如果再拒绝就属于错上加错。如果因为自己没有提供帮助而让对方面临很糟糕的结果，愧疚感倍增。最终，只有答应对方的请求，才是那个"正确"的选择。

他们就是这样，在不知不觉中把自己嵌入到一种非常糟糕的与人相处的模式中。无法自控，又痛苦不堪。

## 老好人如何走出社交困局

老好人走出社交困局最根本的要点，是寻求正确的心理平衡，扭转与人相处的思维方式，从根源上抹除"牺牲感"和"亏欠感"，学做一个"自私"的人。

老好人之所以会违背自我意愿，做出痛苦的"牺牲"，是因为他们所求的是一个"好"，牺牲自我利益，站在道德高位，成为别人口中的"好人"，体验到那个他们渴望的价值感。比如，在他们心中维护自己的好口碑，要比保全自己的休息时间更重要。

每一个老好人需要为自己摘掉这个标签，因为成为别人口中的"好人"，并不代表着你有多高的价值，恰恰相反，这正是一个人价值低的表现，因为价值低，所以别人才会任意驱使你。

自我剥削是件非常残忍的事，做一个"自私"的人也并不可耻。这并不是侵犯别人的权益，而是保全自己的价值，平等地去应对周围的关系。

以牺牲自己成全别人换来的口碑犹如饮鸩止渴，以平等独立的姿态与人相处反而会得到尊重和真正的认可。

老好人走出社交困局最直接的方法，就是学会拒绝。

但我们需要认清一个现实，老好人不可能一下子成为一个很懂拒绝的人。不过仍有一些实用的方法可循。

适合老好人的拒绝方法，是制造限制条件。

例如，在能力上认怂。"抱歉，这件事大大超出了我的能力范围，我真的帮不上忙了。"

再比如，利用时间冲突，制造客观条件的限制。"今晚家里有急事需要我回去，实在脱不开身。"

总之，老好人常常因为抹不开面子，而无法拒绝别人，那么，就给对方一个你不得不拒绝的理由。

另外一点是改变心理模式。把自己当作某个"重要的朋友"，用对待重要朋友的方式，对待自己。

像照顾"最重要的朋友"一样，照顾自己的感受；

像在乎"最重要的朋友"一样，在乎自己的得失。

"最重要的朋友"值得用最好的一切去讨好，你又怎么忍心亏待"他"呢？

## 让社交进入偿还模式

老好人的社交模式之所以令人疲惫，是因为持续地付出不仅没有得到回报，反而加剧了对方的索取行为。所以，想要改变这种失衡的状态，可以让社交进入一种"付出－偿还"机制。

帮助别人之后，也可以去寻求人情回报，看看对方是否会给予回报，还是只想向你索取。如果对方拒绝，恰好也可以为下次你的拒绝做好铺垫。而如果对方答应提供帮助，在反复多次的付出与偿还中，对方也会主动泄气，减少或放弃对你的索取，不再为自己找麻烦。

另外，还有一种特殊的环境，那就是职场。如果你过去已经在职场中塑造了一个老好人的形象，那么在使用上述方法之前，还有一件更重要的事情，那就是要提升自己在职场中的核心竞争力。你的不可替代性越强，越不容易被别人驱使。

## 3. 社交好评率和差评率

生活在人群中，就一定逃不开社会的评价机制。

例如：他人可真得好，我特别喜欢跟他交流；他人品一般，也很无趣，没什么吸引力；他糟糕透了，做事很差劲；等等。每个人都会收到"好评""中评""差评"。

我们虽然无法做到完全忽视别人的评价，但要学会控制他人评价对我们的影响力。很多人为了在社交中获得更高评价，付出了高昂的成本。伪装性格，隐藏观点，粉饰情绪……到最后，为了获得"好评"所做的一切让人不堪重负。

## 为什么你会那么在意社交评价

为什么你会过度在意社交评价？一个原因是恐惧被批评。

你做了一件事，或者准备做一件事，怕朋友不满意，怕人议论，怕造成不好的影响，都是因为恐惧关于自己的负面评价。这种恐惧感很可能来自童年或成长过程中曾遭遇过的心理打压。

一个孩子在童年时如果经常受到负面评价，会给他留下心理创伤变得很容易紧张。当他成年后，便会对负面评价产生强烈的抵触，用尽一切方法规避负面评价，无法坦诚地与人社交。

还有一个原因是渴望他人的价值认同。为了得到别人的认同，很多人付出了很多，甚至委屈自己。通过别人的好评来确认自己的价值，这样的人往往很自卑。

归根结底，一个人之所以过度地在意社交评价，主要是因为内心价值评判标准的扭曲，缺少自我认同，这无疑是将自我价值评判的权利拱手交给了别人。

## 评价不同，很可能是因为立场不同

　　每个人都无法彻底摆脱社交评价，但每个人都需要客观地看待他人的评价。

　　视角不同、立场不同、背景不同……因为各种各样的因素，每个人的评价体系也会不同。

　　在公交车上，一个年轻人如果没有给孕妇让座，有可能被认为是自私；约会中，看到对方吃饭吧唧嘴，就判定对方没教养；同事相遇，对方没有打招呼就认为对方没礼貌。

　　但事实也许是：那个年轻人受了伤；约会对象意识到了这种习惯需要修正，正在尝试改正的过程中；同事忙着回复客户的信息，没有看见你。

　　所以，我们评价他人时尚有偏颇，同样也该接受不同的人对自己有着不同的，或者不客观的评价。

孟子有言，有些东西是"求之有道，得之有命"，那是"在外者"，有的东西是"求则得之，舍则失之"，那是"在我者"。

荀子有类似的说法，分别是"在天者"和"在己者"，他说："君子敬其在己者，而不慕其在天者。"

别人的评价就类似于"在外者"甚至"在天者"，你并不能完全凭自己的努力去左右，所以不必太在意。而你真正需要在意的，是与自己紧密相关的东西，比如做事的态度、技艺的水平等。

以自己为轴心，做好自己，他人的评价就不必过分挂心了。

## 如何在负面评价下做选择

在做出大大小小的人生选择时，我们常常会收到一些来自社交关系网中的负面评价。

你想辞职，会有人说"现在大环境不好，这么稳定的工作怎么说辞就辞了"。

你打算拒绝相亲对象，会有人说"你眼光太高了""再挑你就剩下了"。

你准备学习一项技能，会有人说"这么大年纪，来不及了，浪费钱"。

这些负面的评价很容易让人犹豫，产生自我怀疑。我听过、见过不少人深陷类似烦恼之中，在我自己的成长过程中也是如此。这也让我明白了，这种声音永远不会停止。在我们做选择的过程中，总会有人持消极态度。

每个人都只能活一次，每个人所处的环境、经历也各不相同，个人经验不足以成为权威的评判依据。他人视角下所谓的对与错，往往只是看待事情的一个角度。

此外，很多时候，别人对你的态度和评价，还取决于你能给他带来多少利益。

我们的人生都只属于自己，虽然我们需要他人的建议，但应适度采纳，决定权要掌握在自己手中。而面对不同的社交评价，我们也应有不同的处理方式。肯定性的

社交评价，可以帮助我们找到自己的优势和长处；否定
性的社交评价，我们可以借此机会检视自己的不足之处；
而面对有失偏颇的评价，我们需要守护自己的内心，不受
其困扰；等等。

　　只有让社交评价服务于自我发展，才能发挥其价
值，从而达到与评价共存的良好状态。

## 区分别人定义的"你"和真实的你

　　对于对社交评价敏感的人而言，最重要的事情是找到
自我。要区分别人口中的你与真实的你。

　　当别人说"你很糟糕"的时候，并不等于"你真的很
糟糕"。这完全是两件事。

　　"你的价值"是可以通过客观的标准明确的。比如，
你学习很好，是可以通过成绩单上的分数体现的，而不是
别人说你学习好或不好；你很善良，是通过你做了多少
与人为善的事情体现的，同样不是别人评价你善或恶就能

定论的；等等。

你有独属于自己的经历，有自己的判断，有优点，也有缺点。不是任何一个人可以用片面之词去定义的。

如何了解自己？不妨拿出一张纸，试着写下这些问题的答案。

☆你的身份：你身上最突出的职业标签或者身份标签是什么？例如：中学教师；宝妈；自由职业者。

☆你的性格：你身上最突出的几个性格特征是什么？

☆你的履历：简述你的工作经历，一直更新到当下。

☆你的背景：家庭背景、学习背景。

☆你的成绩：在过往的学习和工作中取得过哪些主要的成绩？

☆你的优点：你过去取得的有价值的成果，主要得益于哪些品质？

☆你的缺点：你过去犯的错误中源于自身的问题主要有哪些？

☆你的爱好：你喜欢如何消遣业余时间？

☆你的目标：你渴望在未来五到十年，达成怎样的目标？

☆你的处事原则：你做事认真谨慎吗？你如何看待自己事情的得失？你会愿意麻烦别人吗？还是其他什么？

☆你的欲望：你在物质、名利、情感上有什么样的渴望？

☆你的内心状态：你对现在的生活满意吗？你的内心敏感吗？你的情绪稳定吗？你有什么未解开的心结吗？

如果你逐条作答，那么相信你的纸上已经写下了很多内容。即便是这么多的内容，也只能帮助你对自己有一个最基本的了解。真实的你，又如何能被其他人的片面之词随意定义？

## 4. 合群的"祭品"

合群，在词典中的解释是"跟大家关系融洽，合得来"，"合群"的人往往被认为善于与他人相处，人们更愿意与之共事。相对地，在多数人看来，"不合群"这个词往往带着一定程度的贬义。所以，大多数人做了趋同的、"合群"的选择。为了合群放弃一部分自我利益，为了合群打磨自我的棱角。

于是，改变发生在生活的细枝末节中。越来越多的人感到身不由己，觉得过得不是属于自己的生活。

为了合群，人云亦云，只说大家认同的观点；去参加并不感兴趣的活动；为了某个无感的梗而发笑；聊不感兴趣的八卦；等等。和他人迈相同的步子，以同样的节奏活着。而当你反观为了合群而不快乐的自己，觉得有些无奈，又感到有些滑稽。

当我们努力地、刻意地让自己合群的时候，其实是"献祭"了自己的快乐、观点、个性……

无论是生活中，还是职场中，都有太多的人试图磨平自己的棱角，想融入某个圈子，想让自己看起来不孤独，想让更多的人喜欢自己，以至于在迎合别人的过程中逐渐迷失自己，沦为"合群"的"祭品"。

为了合群，你做了多少不情愿的事情，但合群有那么重要吗？它真的会带给你安全感和舒适感吗？

很多时候，不费尽心思地去解释你的想法、你的行为，会感觉轻松许多。若是懂得，何必多言？若是不懂，何必多言？

没必要邀请所有人参与你的生活，也没必要为了那些不值得的人去委屈自己。我们才是自己的世界的轴心。世界很大，总会有人和你志趣相投，暂时不合群，只是还没有遇到与你同频共振的人。

在人际交往中，你有时会迷茫，不知道自己想要什么，想成为什么样的人。但是你一定要知道自己不想要什么，不想成为什么样的人。

一个人是不是真的与自己志同道合，以及真心付出是否值得，都需要经过时间的沉淀才能观察清楚。长久而舒适的亲密关系，从来都无法二倍速去建立，没有轻而易举就能得到的好朋友、好恋人，所有的关系都需要在相处过程中一点一滴地磨合。

不合群只是看起来孤单，刻意合群则可能造成内心的孤独。不合群不一定快乐，但委屈自己去迎合某个群体，一定不会快乐。

## 不合群并不是性格缺陷

我接触过的年轻人里有这样一类，他们性格慢热，不爱多言。他们很宅，喜欢独处，一个人外出也能怡然自得，偶尔和几个特别聊得来的朋友相聚。

这类人常会听到父母、亲友对他们的定义和忠告。

"你太内向了，一点儿都不开朗。"

"别总闷在屋子里，多交点儿朋友，出去走动走动。"

"性格古怪，太不合群了。"

看，这个世界，对不爱社交的人或多或少地存在一些偏见。

不合群就是内向吗？可在聊得来的人面前，他们也会特别开朗。他们在需要待人接物时表现得也很得体。

不合群就是"社恐"吗？可在需要沟通的时候他们也能侃侃而谈。

也许都不是，他们拥有社交的能力，只是对社交的需求少而要求高。人群中的交流会让他们有一种消耗感，高质量的独处和相聚，则会让他们更舒服。

周国平曾说过："我天性不宜交际，在多数场合不是我觉得对方乏味，就是害怕别人觉得我乏味。可是我既不愿忍受对方的乏味，也不愿费劲使自己显得有趣，那都太累了。"

不合群、不爱社交并不是缺陷，也并不值得为此沮丧。最重要的始终都是在某种社交模式下，你是否感到舒适，是否在精进和成长，是否能够更好地面对生活。

## 牺牲自我换来的"合群"，终会压垮自己

叔本华曾经说："人的合群性大概和他的知识的贫乏，以及俗气成正比。"如果处处合群，事事都被他人理解并接受，人也就失去了自我。

这让我想起了电视剧《三十而已》中的角色顾佳，她努力地想要挤进"太太圈"，为了讨好太太们使出了浑身解数，可到头来也没有真正被圈子接纳，而整个过程中，她也非常痛苦。

在生活里这种故事屡见不鲜。"富二代圈""企业家圈""名媛圈"，以及普通人的朋友圈子、同事圈子。不少人正不计代价地想要做个"合群"的人，融入不属于自

己的圈子。

但刻意强迫自己融入某个群体，会让人觉得很痛苦。这种痛苦其实并不是必需的，因为它不等同于吃药治病、努力学习、努力修行的"痛苦"。即便你能融入所谓的"圈子"里，必定也是人微言轻，仍像个局外人，你并不能从中受益。这种痛苦，是与自己为敌，结果也只能是折磨自己。

在真正适合自己的群体里，你不需要刻意改变自己，不会成为"小跟班"或者"服务者"之类的配角，而是自然而然地成为其中一员，拥有属于自己的位置和一种不必过多解释的松弛感。

当你不再为了"合群"而合群，不再为了迎合别人而委屈自己，不再为了陪伴别人而牺牲自己，你才能成为真正独立的个体。

不必刻意离群，也不必刻意合群，以自己为轴心，与志同道合的人携手并进，三两好友，亦可行走人生。

## 5. 负债的社交经营

人与人的情分就像一个银行，你取出来一点儿，就要存进去一点儿。

很多人以为结识尽可能多的人，拓宽自己的人脉，就可以多一些机会，为自己谋得更高的收益，而这无形中也让自己背负了大量的社交包袱。

真正有效的人脉依托于彼此可置换的资源，并不是相识相交就可以称之为人脉。因此，错误的人脉观念，会让你的社交不堪重负。

## 人情很贵，谨慎消费

有些人遇到难题，不是想着如何解决，而是想着找谁帮忙解决。这似乎已经成为很多人处理问题的惯性模式。一位老板说过他做一个项目，托朋友找人做设计、做装修。钱没少花，但效果很差，最后又花了不少工夫才算勉强竣工。其实，他原本的预算足以请到很专业的团队，高效地做完这件事。

另一位朋友，经营着一家广告公司，有一笔款项，甲方找各种理由不支付，而公司经营又需要现金流。他就找自己做自媒体的朋友曝光这家公司，用舆论施压。结果，没少给朋友添麻烦，欠下人情不说，这件事闹得沸沸扬扬，也给自己的公司带来了很不好的影响。最后还是找了专业律师解决。律师还给他提了很多公司规范经营方面的建议，揪出很多漏洞，给这位朋友减少了很多后顾之忧。其实，如果这位朋友刚开始就找律师解决，中间这些麻烦或许就不会出现了。

人情很贵，靠人脉帮忙走捷径，往往要付出更大的隐性成本。而且，你欠下的人情需要付出更多精力去维护和"偿还"。况且，很多时候通过常规途径解决问题，比使用人情托关系更容易、更简单。

人情需要用在关键时刻，能帮你放大价值或者解决棘手问题，提高办事效率。否则，随意使用人情就是一种巨大的浪费和消耗。

## 人情周全的人，大都活得很累

有些人做人做事很周到，在各种各样的社交场合里，他们关注细节，关注他人的感受。即使他们心情不好，也会对别人笑脸相迎。有人发生争执，他们会上前规劝；有人受到冷落，他们会主动攀谈……

他们在别人的眼中很贴心，很善良，很好相处。他们顾大局，有一种莫名的交际责任感。

我曾经很好奇这类人的内心是否真的和他们表现出来

的一样从容，我在做了访查和沟通之后发现了一个相反的结果。很多人情周全的人的内心是疲倦、焦虑的。他们担负了太多他人的情绪，敏感地体察他人是否觉得满意，却忽视了自己的压力和承受能力。

他们在人际关系中习惯性地给自己嵌入了一个做事周全的角色，并一力执行。他们觉得自己应该这样做，却不明白自己为何要这样做。他们看起来善于社交，无所不能，即使面对不愿做的事，到了嘴边也变成一句"没事，我能行"。

但人的精力总是有限的，为了成为一个周到的人，为了让别人舒服，而持续地在社交中付出，忽视自己的感受，实际上是对自己的辜负。

看似善于社交的人，大多时候也会疲于社交。而这种疲惫，其实是可以从根源上规避掉的。

健康的人际关系，永远是轻松的、舒适的。先取悦自己，再去和世界相处。

## 合理对待"人情债务"的偿还

现代社交法则更为注重经营关系：朋友相见互赠礼物；你陪我逛街，我请你吃饭；一起旅行你买了机票，我就负责酒店、餐费；等等。虽然大多数人帮助朋友时并不会想到立即从朋友那里得到相应的反馈或回报，但都会约定俗成地尽量在付出与收获中保持相对的平衡。

如果一个人在社交中只求收获，始终不对别人做任何回馈，或者急于偿还人情，都无法维持这种平衡。

朋友之间、上下级之间、同事之间、亲戚之间甚至夫妻之间，都经常出现人情债务偿还的情况。

比如，有人请吃饭，聪明的人往往隔一段时间才回请，以免让对方认为自己回请他只是为了偿还人情债务而已；当然也不能超过对方预期的反馈周期而不偿还，这会让对方觉得被忽视或者有你占便宜的感受。

舒服的关系是通过主动地把握社交节奏来实现的，而这个节奏完全取决于你的沟通模式和双方默认的平衡状态。

第二章

# 心灵空间的清扫

如何通过改变认知释放人际压力

# 1. 朋友的功能性和阶段性

提到朋友时，我们大多数的时候是感性的，论友谊深厚，渴望天长地久。

但我们站在一个理性的视角来审视朋友，你会发现，朋友是分阶段的，并具有不同的功能性。

## 朋友的功能性

交朋友不必藏功利之心，但也不可忽视其功能性。

在你心情不佳时，朋友可以安慰你、鼓励你；在你失意之时，朋友会在身边陪伴着你，让你振作起来；在你无助之时，朋友会温暖你的心，让你充满希望。这时候，朋友的功能是情绪疏导。

当你遇到困难时，会找朋友借钱或借人脉，来帮自己渡过难关。这时候的朋友，充当的角色是帮扶器。

从结交朋友的那一刻起，我们或多或少都带着一点儿目的性，只不过我们自己没有意识到，或者在有意地粉饰、回避这种功利性。

但其实，想要和朋友保持高质量的关系，我们最需要的，是直面朋友的功能性。我把朋友的功能大致划分为以下几种：

☆有共同兴趣爱好一起钻研；

☆三观相似，可以交心，在某种精神层面上有共鸣；

☆一起消遣玩乐，排解寂寞；

☆被对方的某种技能或某项特质吸引；

☆相互支持、共同进步；

☆在一些具体的事件中交换价值，互为人脉；

☆其他。例如，从朋友的崇拜中获取优越感。

一位朋友所具备的功能性可能包含多种，无论是情感上，还是物质上，这些功能的本质都是交换。

梳理清楚与朋友之间的功能性，才能更准确地确定自己的服务性。也就是说，朋友能给我带来什么，我能给朋友提供什么。供需精准对接，友谊的质量才会越来越高。

简单地说，如果有人带着获取利益的目的来与你相交，而你又不能或是不愿意与之进行利益交换，那么也就不必浪费时间与之结交，因为你们彼此终是无法达到平衡的交换关系。

梳理朋友的功能性，是减少不必要的社交成本，释放社交压力，也能让自己为朋友提供更高的价值。

## 朋友的阶段性

朋友是有阶段性的，因为天下没有不散的筵席，人生所遇皆为过客。

人是群居动物，当你离开了某个区域，与这里的朋友的感情就会逐渐淡去。来到了新场所，会结识新朋友。

你小学时最好的朋友，现在可能断了联系。

你初中时发誓要做一辈子兄弟的人，可能如今已经成了"点赞之交"。

你高中时形影不离的伙伴，可能现在一年到头也聊不上几句。

你大学时的好姐妹，再见时可能已经有了很多陌生感。

我们的人生越走越远，我们的世界越来越宽。曾经在某个时段要好的朋友，在分别后成长在不同的环境，也就没了当初那么多感同身受，各自也又有了新的好友。虽然回忆依旧在心中，但彼此渐行渐远渐无声息，偶尔一起聚餐叙旧，反复聊起的，也都是曾经那些回忆。回归当下，彼此间似乎再也无法靠近。

其实这种分离与淡忘，是一种自然规律。人情聚散，人生无常。

朋友的阶段性除了受限于地域，同样受限于年龄和生活阅历。在不同的年龄阶段，所结交的朋友亦是不同的。

少年时结交朋友，为一起玩耍；青年时结交朋友，可一起成长；中年时结交朋友，则多少会掺杂一些利益的衡量；老年时结交朋友，不过是为了闲暇时有个谈天说地的对象。

人生每步入一个新阶段，便会见识许多不一样的风景，结交不一样的朋友。有人曾说："人生就像一列开往坟墓的列车，路途上会有很多站，很难有人可以自始至终陪着你走完。当陪你的人要下车时，即使不舍也该心存感激，然后挥手道别。"

当我们正确地认识了朋友的功能性和阶段性后，便可以有条理地精简社交，当断则断，当舍则舍。曾经一起走过一段路，彼此已经是收获满满。

## 2. 没有必须帮的 "小" 忙

你会经常给别人帮些 "小" 忙吗?

帮忙取快递、帮忙带个午餐、帮忙打印东西、帮忙送个文件、帮忙凑个三缺一的局……

面对这些情况,有的人会直接拒绝,有的人却很难说 "不",反而会觉得 "就这一次也没关系",恰恰是 "就这一次也没关系",在无形中让对方养成了习惯,有了第一次、第二次,就会有第三次、第四次。

一些 "小" 忙,看起来的确不过举手之劳,也能增进彼此关系。但给人帮的 "小" 忙积累多了,我们的社交边界就在这一次又一次无关紧要的小事中失守。

## 通过小事建立社交规则

很多人认为在一些小事情上不必太较真，但小事恰恰是社交中最重要的部分。通过小事建立自己的社交规则，是获得社交自由非常重要的一步。

从拒绝一些零星小事、随手"小"忙开始执行你的计划，是非常有效的。

例如，小 A 的同事经常以她的文案能力强为由，让她帮忙修改文案。小 A 因为没有拒绝，被迫帮忙，久而久之，帮忙成了理所应当。

对小 A 来讲，这会占用她的时间，也很容易打断她正在进行的工作的思路。

比较有效的办法是，小 A 向同事说明自己手头有着急赶工的工作，并提供修改方向或方法，让同事自行修改。

这样既帮助了同事，又巧妙地拒绝了对方。如下次再遇到同样的问题，也只做方法性和方向性的指点。

拒绝，并不是割裂彼此的关系，而是为了让别人了解你的情况，清楚你的处境从而维持良性的、可持续的社交关系。

## 不再对自己口是心非

很多不懂拒绝的人常常口是心非，哪怕心里想着"不行，不能，不可以"，但嘴上却说"好的，没问题"。

答应完就后悔了，暗自发誓下次再也不帮了。可到了下次，嘴上还是会说"好的"。因为，帮个"小"忙并不难，所以，拒绝就会变得很难。

为了点小事伤了和气，伤了面子，总是不值得的，这种心理状态养育出了无法停止的付出。

这正是很多人难以拒绝别人提出的"小"忙的症结所在。在我们自己的价值评判体系里，也认为"小"忙很容易，并认为它低价值。最后的结果是习惯性付出，而这种毫无限度的付出很容易让受益者习以为常，最终导致自己的付出被轻视。

解决这一切的根源，仍是在于自己。你在给别人帮
"小"忙时，究竟付出了多少？认真思考过后，这个结果
恐怕会超越你的预期。

除了事情本身的劳心劳力外，还有高昂的情绪消耗。
也就是说，当你在为这件事感到困扰和烦恼时，情绪成本
就产生了。另外，这种付出会在不知不觉中使你处于糟糕
的人际关系中，你会成为关系网中持续付出且被大家认为
应该付出的角色。

从这个角度看来，帮"小"忙要付出高昂的成本。所
以，拒绝持续帮"小"忙，是件必须要做的、重要的事。

在扭转了心理评判逻辑之后，要如何迈出那一步，
表达拒绝？

对抹不开面子，或者总是习惯性应允别人的人来说，
有一个很好用的方法，就是当有人向你发出邀请或者寻求
帮助时，你可以通过延时回复，给自己留出思考时间。

例如，稍等，我看看周末原本的安排；我手头有点

儿急事，稍后回复；稍等，我考虑一下；等等。

不想应邀或帮忙时，可以巧妙地选择一些适合自己的理由，为自己赢得更多的思考时间和拒绝的余地。

## 你越是小步退让，别人越会得寸进尺

有人的地方就有江湖，有人的地方就有人情。若是开启了"就这一次也没关系"的潘多拉魔盒，不仅容易得不到感激，最后还可能沦为别人口中的"坏人"。连拒绝一次都会被抱怨："你以前不是这样的，你真的好过分，你就是个小气鬼，连个小忙都不帮……"付出，变成了理所应当。有时候，我们需要适当做一个不那么"可爱"的人。

该怎么礼貌又体面地拒绝别人的请求呢？

（1）对事不对人。

做好心理建设很重要。拒绝帮"小"忙，并不是要将自己和对方置于对立面，拒绝只是针对这件具体的事，不是拒绝和否定这个人。

（2）抹除亏欠感。

你的拒绝并不代表你对他有亏欠，任何关系中都没有"必须""应当"的义务，换个角度想，如果是你提出需求，其他人也有权利拒绝你。

（3）制造"小插曲"。

当别人让你顺手帮个"小"忙时，你可以给自己制造"小插曲"。比如，忽然想起一件着急的事要去做。或者临时改变一些计划，让顺手帮忙不那么方便。这些"小插曲"可以帮你更容易达成拒绝的目的。

（4）结果打折，委婉拒绝。

在别人提出请求时，你可以延长时间，或者以效果打折的方法来拒绝。比如，"今天恐怕不行了，或许明天我能抽出点时间。""我最近太忙了，这件事我可能帮不上太多。"

总之，永远不要劝说自己"就这一次也没关系"。当你学会说"不""不会""不行""不要""不能"的时候，你会发现那些习惯性索取的人会从你身边散去。

## 3. 拒绝讨好，不需要感到抱歉

做自己，很难吗?

非常难，太难了。这是最常见的答案。

每个人都渴望被人认可，被人尊重，被人喜欢。但现实是，一个人很难让所有人都喜欢，却容易在讨好别人的过程中慢慢变成自己讨厌的样子。

有时候，我们像是被无形之力所控制，习惯性地说了很多心口不一的话，做了很多身不由己的事，这或许是很多成年人的真实写照。在心理学领域，这类人被认为是"讨好型人格"，一般会有以下特征。

（1）谨小慎微，特别在意别人对自己的看法。出现一点儿小的错误就会非常紧张和自责，并会为此懊恼很久。担心自己说错话，与人沟通时要反复斟酌措辞。

（2）别人的事情永远都比自己的事情重要，有求必应，却很不好意思麻烦别人。

（3）没有主见，吃什么，玩什么，从来都是遵从别人的选择。

（4）内心敏感细腻，很懂得察言观色。

（5）自我评价较低。

（6）不敢拒绝，害怕因为拒绝而与他人关系破裂。

（7）界限模糊。无法守住自己的界限，也常常会"热心肠"地闯入别人的心理边界。

## 错误的心理逻辑，让人备受煎熬

讨好型人格的人通常具有以下典型心理特征：

（1）都是我的错——习惯性揽责任。

（2）他是不是多心了——对他人的感受过于敏感。

（3）我不行，我什么都决定不了——抬高别人，贬低自己。

（4）虽然我心里苦，但是我不能说，我不能拒绝——不敢提要求，很难拒绝别人。

（5）我忍让一下，没关系——缺乏界限和原则。

无论被怎样刁难与差遣，都微笑着说"好"；无论受多大的委屈，都微笑着说"没关系"；对于不友好的言行，唯唯诺诺不敢回应；对于身边人，会不自觉地察言观色。

这类人总是努力活成别人期待的样子，希望被接纳与被喜欢。

## 讨好型人格的形成

每种心理状态的形成，都必有其原因。讨好型人格的形成，主要有以下五点。

（1）经常被信任的人打压。面对陌生人的指责，人的反应先是愤怒，然后很快释怀，因为陌生人并不了解自己。但在面对熟悉或信任的人给出的负面评价时，人会对自己产生怀疑。

"我的好朋友这么了解我，他这么评判我，那很可能是我真的有问题。"一来二去，便会习惯性地自我否定。失去了自我价值的认同后，他们就会不断讨好对方，以获得高评价。

（2）没有独立思考的能力。有的人遇到事情，不喜欢独立思考，只是随波逐流，赞成大多数人的选择，并以此来获得认同。

（3）忽视自我需求。有的人不重视自己的需求，却过分地关注他人的需求，觉得别人怎么想、别人的感受更加重要，他们习惯了以他人为中心，把别人放在高位，把自己放在低位。他们压制自己的需求，成全别人。有时候讨好对方，为对方提供服务，已经成为社交习惯，而并非对方要求如此，甚至，对方可能并不喜欢这种讨好。

（4）无法直面问题。有的人遇到问题的时候，不是想如何去解决，而是想逃避，避免和别人发生冲突，用顺从和讨好对方的方式来缓解冲突。一旦发生冲突，他们也会优先照顾对方的感受。所以，在一些情绪化的、撕破脸的争吵中，讨好型人格的人会先说软话，会不断解释，会觉得理亏。这种冲突不仅仅是争执，还包括对方提出的一些要求，与自己的实际情况发生冲突，他们也会选择牺牲自己，讨好对方。

（5）原生家庭的影响。在原生家庭中，一些父母会设置一些奖罚机制，让孩子听话顺从，从而束缚了孩子自我意识的发展。听妈妈的话，讨好父母，讨好亲人，就能得到表扬，得到好处。久而久之，讨好周围的人就固化成了一种性格特质，以及行为模式。因为讨好，有利可图。

## 讨好会上瘾，但也很苦涩

为什么那么多人无法自控地去讨好他人，甚至对此"上瘾"？

很简单，因为讨好有"甜头"。

讨好能获得别人口头上的感谢。"你人真好""你太棒了""谢谢你，还好有你"，对不够自信的人来说，这些感谢和赞美，是最甜美的"安慰剂"，让人心情愉悦，让人感到充满信心。而这种愉悦感是短暂的，并且有着高昂的代价。

讨好能获得认同。不可否认，有很多人就是通过为人付出而找到自我价值的。在他们的心理模式中，被需要等于高价值。只是他们为了提供服务价值，而忽略了自己的核心价值。

讨好能够获得爱。很多人认为持续地付出，满足对方，就会得到自己渴望的爱。简单地说，让朋友高兴能获得友情，让亲人高兴能获得亲情……缺爱的焦虑，让他们陷入无法自拔的讨好行为中。

讨好能够获得良好的人际关系。讨好别人，便可以与人相处融洽。而这种表面的融洽，其实非常危险，这并不是一种平衡的人际关系。它的支撑点是单方面讨好，是持续地付出。一旦付出停止，融洽的关系也会迅速破裂。

对讨好上瘾的人，被锁在各种被他人定义的标签里。一旦习惯了讨好别人，就很难戒掉，最后只能委屈了自己。

别人眼中的你应该是活泼开朗的，你就表现得和谁都很合得来；

别人眼中的你喜欢付出，你就持续服务身边人，对人照顾周全；

别人眼中的你从容大度，你就轻易原谅别人的错误……

可是，窝在内心世界里那个真实的你，可能有点儿内向，也需要被照顾，受伤后也会偷偷地哭……当真实的自我为了讨好别人而被隐藏，那些积压的委屈和痛苦，就会和自己作战。

讨好他人，是在自己的内心世界里挑起一场"战争"，而受伤的只有自己。

## 无度讨好的恶性社交

社交可以向人友善示好，但不能无度讨好。

换了一份新工作，身处很多新同事当中，觉得陌生和尴尬。为了缓解这种气氛，你主动迎合他们，给他们端茶送水，中午花钱请客吃饭，想尽一切办法和同事搞好关系。新认识一个朋友，为了维持这段感情，你想尽办法讨好对方，看对方喜欢的电影，吃对方喜欢的美食。

但是，你依旧会被嫌弃，在职场上被人欺负，被人"穿小鞋"，人际关系一直不佳。人际问题总是困扰着你，真诚讨好换来的反倒是苦不堪言。

越是努力地讨好，越会无力地失去。人生仿佛陷入了一个恶性循环。

深陷这种恶性循环中的人应该清楚，一个不能做自己，处处讨好别人，以别人为中心的人，会活得很辛苦，而且这种辛苦并没有意义。

## 如何戒掉讨好的"瘾"

讨好型人格的人很善良、敏感，会有很严重的精神内耗，也很容易抑郁。他们的自我价值感低，容易被他人忽视，甚至很容易被 PUA。那么，该怎样戒掉讨好的"瘾"呢？

（1）重新审视社交关系的评判标准。

先成为自己，再去考虑别人。真正的友谊需要相互吸引，靠讨好得到的关系，随时都可能破裂。

（2）明确自己的原则和底线。

尊重自己最真实的感受，守护心理底线，才能获得平稳且平衡的社交关系。

（3）换一个角度看问题。

讨好型人格的人总是不经意地把自己的问题无限放大。所以，需要更客观地看待自己与周围的关系。转换角度，是个不错的方法。把自己代入到一位旁观者的角色，或者代入为一位熟悉的朋友，按照他们的思路去思考，或许那个令你感到苦恼的问题，会给你完全不一样的感受。

让注意力从别人回归到自己身上，走出习惯性讨好的七个小建议：

☆尊重自己，爱自己，是与任何人建立高质量关系的基本前提。终其一生，最值得我们讨好的人是自己。

☆接受这个世界的不完美，接受自己的不完美。

☆接受一定有人讨厌自己的事实。

☆明确自己的核心价值和自我感受。用价值感强化自信。

☆学会说"不"，建立边界意识。

☆接受自己初次拒绝别人时的内疚感。

☆明确友谊的根基。真正接纳、喜欢、认可你的人同你建立友谊，并不是为了你一定要为他做什么的目的。

## 4. 以"朋友"之名的付出与索取

小时候，我们和玩伴交换糖果，分享玩具。长大后，我们和朋友相互陪伴，倾听心声。走进社会后，我们和朋友互相帮扶，应对生活。

**和朋友交往的过程，也是一种价值交换的过程。**我们在物质和情感上均有付出，有所得。我们的人生在付出和得到的过程中，循序向前。

可一旦这种付出与所得失去平衡，紧随而来的，社交变成了一种负担，拖拽人前行的脚步。

## 索取

你和朋友之间是否有过类似的对话情景？

"你的画可真漂亮，这幅就归我了！"

"亲爱的，你文笔真好，我的年终报告就拜托你了。"

"信我的，赶快分手吧，他配不上你。"

"你这个方案这么做太糟糕了。"

在看到这些内容的时候，你的脑海里是否不自觉地联想到了某个人，或者某个相似的场景？

与此同时，一种人际焦虑感是否慢慢地爬上了你的心头？

来自社交中的过度索取，逐渐让人无力招架，让人深感焦虑。于是越来越多的人想要远离、逃避，变得小心翼翼，并顺理成章地将自己归类为"社恐"人群。

我认识一位名叫"茉莉"的设计师，她会准备各种各样的理由推掉聚会；会特地多走两千米绕开认识的人；会在电梯间里刷手机，以避免和同行者有过多的交流……

她是个不善于拒绝的人，此前朋友们经常找她帮忙设计各种各样的东西，做免费劳力。后来，一个朋友因为提案没通过，和另外一个共同好友吐槽她的设计水平差，害自己提案失败。茉莉得知这件事后很难过，她没有说什么，而是选择远离这位朋友。

她把自己打造成常加班的人设，用加班的理由拒绝一切不想参与的聚会。和老朋友减少不必要的交集，也基本不去结交新朋友。

或许有人会说，这不就是社交断舍离吗？

但事实上，这应该叫作自我孤立，逃离社交。很多人之所以"社恐"，并不是因为真的不想与人交际，而是厌倦了社交中的疲惫感和无力感。明明你最近加班已经很累了，你的朋友却连续N天让你陪她买醉，疗情伤，骂"渣男"；不分场合、不分时间地向你吐槽上司、骂同事……倾倒情绪垃圾。日复一日的情绪索取，会让你的心情在不知不觉间也变得很差。

一个人在社交中持续被索取，一直被消耗，自然会产生逃离的想法，但逃离不是办法。

及时止损，停止被持续索取的关系，把更多的社交
精力放在舒服的人际关系上，才是一条有价值的出路。

## 付出

和过度索取相反，有一些人在人际关系中喜欢过度付
出，但这种过度付出，也会让人感到不适。

一起聚餐时，他们会隐藏自己的喜好，依从你的
选择；

礼尚往来，他们总会回更贵重的礼；

一起分享时，他们总会把好的留给别人，差的留给
自己；

一起做事时，他们总是愿意主动承担更多；

你在忙于某项工作时，他们乐于提想法，过度参
与，没有底线地帮忙，提出各种各样的意见。

…………

没错，他们很善良，很热心。但并不是所有人都喜欢这种过度付出和讨好，这也会让人在相处中很不舒服。这类人往往有很强的主人翁精神，甚至带有一些救世主情结，把帮助别人当成了自己的责任和义务。

这种付出看上去是无私奉献，但其实也是有所图的。不管他们的付出是否能为对方带来帮助，他们都需要对方接受自己的益处。一旦对方不接受，或者没有给出正向反馈，他们就会为自己的付出感到委屈、痛苦。而不接受他们帮助的人，就会被定义为"不懂感恩的人"。

朋友的付出一定要全盘接受吗？不接受就是辜负了友谊吗？

当然不是，高质量的友谊，是两个独立的人的相交、相知。过度的索取与付出，都会让人产生不适感。而让人不舒服的友谊，就像变质的食品，已经完全失去了美味，面对这样的朋友，需要及时远离。

## 高质量的人际关系

高质量的人际关系不会消耗关系中的任何一个人，而是在相处过程中，让彼此感到舒服，并各有所得。如果你不知道如何评判自己人际关系的质量，可以从以下几个方面做出评判。

☆彼此没有亏欠感。

☆尊重彼此的边界，不做让对方不舒服的事情。

☆彼此真诚、坦诚，没有算计。

☆不过度索取，不过度付出。该帮的帮，不该帮的不帮。

☆彼此陪伴时很开心、放松，没有应酬时的疲惫感。

☆能为对方提供情感价值和情绪价值。

☆能够站在对方的立场上，为对方考虑。

每个人的精力是有限的，把有限的社交精力用来维系高质量的人际关系，才是人际断舍离的精髓所在。

## 5. 诊断无法放手的人际关系

　　"你曾为社交感到疲惫吗？"

　　当我向许多已经步入社会的人问这个问题时，得到的答案大都是肯定的，在肯定之后又往往会跟着一些无力的抱怨，又或者是一些近期让他们感觉无奈的事。

　　"你是否曾为了消除这种疲惫而做出某种改变？"

　　"你知道要从哪里开始改变吗？"

　　当我继续问出这两个问题时，这些人大都摇头，或者表示出无能为力。

　　很多人已经在生活中感受到了社交的疲惫，有断舍离的愿望和诉求，却不知道该从何开始。在不知不觉中深陷人际焦虑，仿佛进入了一个无法解脱的困局。

很显然，一些社交关系已经给我们带来了困扰，却总是让人难以放手，或者是不知道该如何放手。

## 非必要的网络社交

很多人总会觉得自己太忙了，忙得没时间生活，没时间看书，没时间给自己做一顿饭，却不知道自己究竟在忙什么。

当大多数人都如此时，这种无效的忙碌就成了一种盲从，让人习以为常。而想要从无效的忙碌和疲惫中解脱出来，很重要的一步就是精简网络社交。

例如，在网络社交中，微信群聊我们并不陌生。朋友群、同事群、公司群、项目群、买菜群、行业群、优惠券群、小区群……每个人都会有多个不同功能的群，但是这些群聊中 80% 的信息是没有价值的，在无声地消耗着我们的时间。

　　有时候忍不住看看群里说了什么，有时候和同事聊聊八卦新闻或吐槽，有时候与人争执。我们在微信群里消耗了很多碎片时间和精力，只是毫无察觉。但时间被无端消耗，会让我们有效可用的时间变短，让生活变得忙碌和疲惫。

　　除了群聊，朋友圈、自媒体社交等，同样是需要精简的社交。而网络社交的断舍离首先要做的就是删除。删除无价值的群聊，删掉广告推销或不知什么时候添加的微信好友。

　　其次，一个较为简单直接的断舍离方法就是时间管理，做好时间规划，逐渐减少网络社交时间。例如，从此前不做时间约束的随便看，变成玩半小时。之后再逐渐减少网络社交频次。

　　此外，合理使用屏蔽功能，屏蔽不方便直接退出的群聊、不适合直接删除的好友、不想看到的个别好友的朋友圈分享。利用屏蔽功能减少对自己精力的不必要的消耗。

## 频繁的消遣性聚会

偶尔与朋友相聚可以让人舒缓压力，放松身心。但是频繁的聚会消遣却很容易让人在不知不觉间坠入空虚。生活看似热闹，可心底的某个部分渐渐被掏空。

一些职场消遣性聚会更要警惕，工作之后，我们接触最多的，除了家人，便是同事。偶尔举办以联络感情为目的的聚会可以参加，但如果频繁相聚，且相聚时又总是在吐槽公司，则劳心劳神。这样的聚会毫无营养，很容易让自己卷入不必要的纷争。

所以，消遣性聚会要适度参加。为自己腾出一些时间和空间，培养自己的爱好，构建自己的精神世界，从而让自己的生活更加充实、愉悦。

## 不对等的聚会应酬

不对等的聚会应酬往往很令人疲惫且价值低。不对等包含了很多个方面。

（1）资源不对等。

很多人愿意为了工作、个人发展去参加一些应酬。而现实中很多情况却是，参加了不少聚会，收了大把名片，加了很多好友，最后却都不了了之。因为如果你没有可置换的资源，或者你的资源没有对等的置换价值，那么这样的应酬多数时候也很难达到资源置换的目的。

（2）认知水平、价值观不对等。

为什么有些亲友聚会那么令人反感？为什么有些朋友发达了之后，你们的关系会慢慢变淡？为什么有些行业大咖看起来那么高冷？

这些人际问题其实是认知水平、价值观的不对等造成的。有些亲戚喜欢互相攀比孩子的工作、收入、房子、车子，催你结婚生孩子，因为这是他们早已固化的价值标尺。

有些发达的朋友并非不念旧，但他们也许已经看过了广阔的世界，有了更多的见识，有了更忙碌的生活，而和老朋友们除了反复回忆往事，能聊的所剩无几。

有些行业"大咖"看起来"高冷",但很可能只是你们的认知不在同一层次。说一句,你不懂,还要解释十句。倒不如保持礼貌的社交距离。

所以,认知水平、价值观差距较大的聚会应酬,要适当精简,如果一定要参加,也要准备好对策,提早结束。

(3)经济条件相差悬殊。

经济水平不能作为交友条件,但若彼此相差悬殊,这样的聚会也要选择性地参加。如果是相处多年的好友,相聚时已经有了习惯的相处模式,彼此尚可适应。但若彼此了解不足,经济条件相差悬殊的聚会很可能会让彼此很不舒服。

很多人参加了老同学聚会、亲友聚会,聚会散后会吐槽××炫富,吐槽××规矩多、瞎讲究。最终,穷人觉得富人炫耀,自己缺什么对方炫耀什么;富人觉得穷人自卑,自己做什么对方都觉得在炫耀。

暂不论孰是孰非,这样的矛盾本质上是经济水平所带来的生活习惯、生活水平的差异造成的,再深挖一步,其实也是价值观的差异造成的。

视角不同，世界也就不同。每个人的思维视角可以调整，但物质认知视角很难快速转变。那么，一些经济条件相差悬殊的聚会，如果是非必要情况，就可以选择性地参加，或者不参加。

每个人都会面临不同的交际场景。以上类别的划分也仅是举例。简单来说，可以参照这样的标准，对我们要参加的社交活动做出取舍。

尽可能地少参加消耗性的社交。消耗时间、精力和情绪，所得甚少或者根本没有收获的社交都会让人陷入疲倦。

多去参加提升型社交。增长见识、锻炼能力、提升自我等，这类有助于自我开发和自我成长的社交才更值得为之付出时间和精力。

第三章

# 整理人际关系的逻辑

**如何制订科学的人际断舍离计划**

# 1. 真正轻松舒适的人际交往

你的人际关系轻松吗？

你的身边有几个交往起来很舒服的人吗？

你和他们在一起的时候会有怎样的感受？

他们身上有哪些让你很青睐的特征？

如果在短暂的思考过后，你的脑海里已经浮现出一些
人的身影，恭喜你，你已经拥有了一些舒服的人际关系。

这可能和你自己的个性、成长环境、身边的人，等
等，很多因素相关，有时候甚至还需要一点点运气。但还
有很重要的一点，舒服的人际关系，离不开用心的经营。
很可能你已经在无意之中做到了。

# 你愿意和什么样的人相处

获得高质量的人际关系的方法并不复杂，你愿意和什么样的人相处，那就努力先成为这样的人，因为同频的人更能相互吸引。

☆你可以带来价值。

【多学习，储备一些有价值的知识】

☆和你相处能让人大开眼界。

【多历练，增加方方面面的见识和阅历】

☆你能倾听别人的想法并发表有价值的见解。

【如果能再提出一点儿有指导性的意见会更好】

☆你能充分认可别人的价值。

【每个人都有优点和缺点，多赞美别人的优点】

☆你可以带给别人快乐的心情。

【高情商的沟通方式，能让人获得交流的愉悦感】

## 一些可以帮助你建立舒适的人际关系的细节

关注细节这件事常常被人提起，又总是被人忽略。尤其是在人际关系中，有些人认为不拘小节更能彰显真性情。可实际上，细节与好感度紧密相关。

一个性格不错的人，如果他的外表邋遢，讲话聒噪，难免会让人想要和其保持距离；如果这个人外表整洁，总是面带微笑，讲话时语调温和，能耐心倾听，就会很容易赢得别人的信任，让人感觉舒服。

强烈的对比之下可见，细节会带来对人际关系的直观影响。

注重细节本质上是对人际交往的尊重。在与人交际时，哪些细节可以有助于我们与人建立起舒服的人际关系？

外表：穿适合场合的衣服，面貌整洁，不管是胖是瘦都要注重外形管理，让自己的外表保持干净、清爽。

举止：站有站相，坐有坐相，来去从容。这些无言的细节里传递着不可言说的力量。

言谈：讲话时语调温和，张弛有度，面带微笑。即使碰到一些尖锐问题，舒服的言谈也更容易解决问题。

接触：与优秀的朋友多交流，除了网络联系，适当的面对面交流，更能增深了解，相处起来也会更舒服。

## 关系很好的同事也不要触碰职场禁忌

尽管很多人并不看好职场中的友谊，但我相信职场里也能交到志同道合的朋友。职场中的友谊很难得，所以也要倍加珍惜。身处同一职场环境，为了保护彼此的关系，一定不要触碰职场禁忌，这会极大地保障你在职场人际关系中的舒适度。

不要过问彼此的工资。工资是职中的敏感问题，关系再好，也不要谈论工资相关问题。谈论工资不会让工资发生变化，如果彼此之间存在差异，反而会让人心里有想法。

不要让对方利用职务为自己行方便。关系好的同事可以利用业余时间，为对方提供辅导和帮助。但切忌用感情撬动职场利益，让关系密切的同事利用职务提供便利。这会给对方增加负担，甚至带来麻烦。

不要一起排挤别人。如果你与某位或者某些同事相处融洽，这属于个人关系，但千万不能利用这种关系，绑定对方去排挤别人。这很容易让这种亲密关系上升为办公室政治，最终消耗自己。

不要聊职场中的八卦消息。关系要好的同事，在彼此遇到困难的时候，可能会提出很好的建议，但切忌一起聊职场中的八卦消息，论人是非。吐槽一时爽，却很容易把彼此卷入旋涡中。

## 最亲密的家人，也不要"越界"

与最亲密的家人相处时，让人感到舒适的不是加倍关爱，反而是保持距离。

很多时候，作为家人，我们会情不自禁地"越界"，总是在不停地表达着对家人的关爱，好像总有操不完的心。

可如果家人被我们以"爱"的名义绑架，我们越是管得多，就越是希望家人能顺从自己的安排和主张。反之亦然。说到底，以爱之名，强加给对方不需要的关爱，也是一种自私。

"为你好"并不是"越界"的通行证。

作家毕淑敏曾说："亲近地保持距离，才是最恰当的交际方式。"

父母管教孩子，也需逐渐放手，划清边界；婆媳相处，也要尊重彼此的隐私和感受；兄弟姐妹之间，相互独立，才能相亲相爱。亲人之间保持边界清晰的关系，相处起来才会如坐春风……一切理想的关系，都需要一点一滴地构建与经营。

家人防越界小锦囊：

☆如果你的家人总是打着"为你好"的旗号，做一些越界的事，你要问问自己，真的需要他这样做？如果你的答案是否定的，希望你鼓足勇气拒绝，并给出自己的解决方案，避免对方因为担心而进一步强迫你接受。

☆如果你的家人是那种总是"越界"的人，建议你降低对他们会改变的期望。因为他们要是能改，早就改了。但可以通过独立保持一定距离，相见时，在小事上顺从他们；独立生活时，顺从本心。

## 愿意真诚交往下去的朋友

人际关系的整理其实并不复杂，将令人不适的人际关系断舍离，将需要继续交际的朋友保持在舒服的距离，找到最值得深交的朋友，继续真诚地交往下去。

《增广贤文》里有三句俗语，把在交朋友层面上的"断舍离"，说得很透彻。

"知音说与知音听，不是知音莫与弹"，这个就是"断"。

"志不同己，不必强合"，跟自己三观不合的人，没必要强行和他凑到一起，这个是"舍"。

"相识满天下，知心能几人"，你认识的人非常多，但是跟你交心的没有几个，这就是"离"的基础。

在你目前的人际关系网中，哪些朋友值得你继续深入地交往下去？

你可以利用下面的问题，循序渐进地找出内心的答案。

☆如果你的时间所剩不多，你希望在有限的时间里和什么样的人一起度过？

☆描述你们在一起交际的场景。

☆他们在情绪、价值观、知识层面，会给你带来什么样的正向价值？

☆和他们在一起的时候，你的情绪是怎样的？

☆今后你想和这些人如何加深交往？

☆写下他们的名字。

真正轻松舒适的人际交往，能让人如沐春风，能够在交流中让人变得愉悦。你如何去经营，就决定了你会拥有怎样的圈子。

## 2. 得与失的"能量"守恒

能量既不会凭空产生，也不会凭空消失，它只会从一种形式转化为另一种形式，或者从一个物体转移到另一个物体。这就是能量守恒定律。

其实能量守恒定律不只适用于物理学，同样适用于人际交往。你失去了某段人际关系，或许会有另外一种收获。"塞翁失马，焉知非福？"话语简单，却有道理。

每个人的时间和精力都是有限的。这些有限的能量如何分配，决定着我们会收获什么样的人生。有人减少了社交，做起了副业；有人推掉了饭局，陪孩子去了游乐场；有人拒绝了朋友的约会，去陪客户聊天……

想要让自己收获高价值，那么就需要对自己的能量进行高效分配。当然，这里的高价值，并不是单指赚更多的钱和事业的发展，而是一种幸福的目标，至于这个幸福的目标是什么，则是因人而异的。

## 对话自身需求，明确幸福目标

在人际关系中应如何取舍？明确需求和目标，才能明确取舍的标准。

如果你向往的是职业发展，那么你在人际关系的取舍上，就要以服务职业发展为目标。减少消遣型社交，以提升专业度、资源度为目标参与社交。例如，你从事创作，就可以多结交有经验的作者、编辑，多参加这些圈子内的社交活动。如果你从事销售工作，一方面要结交前辈，增长见识，提升知识储备、销售能力；另一方面，也需要结交潜在客户，聚拢行业资源。

如果你向往的是安稳、静好的生活，那么你在人际关系的取舍上，便可以减少应酬，留出更多的时间陪伴家人、好友，发展兴趣。

总之，明确自己的需求，与自己进行深入对话，整理社交关系时才会有明确的思路。

人际断舍离的目标不是不社交、不交际，社交的频次也和人际质量没有直接关系，而是为了从中获得更高的社交价值。

一个商务人员，可能人脉很广，经常聚会应酬；一个文艺创作者，可能只有几个朋友时常小聚。如果他们能够通过社交不断提升自己的生活质量，朝着自己的目标前进，便都属于拥有高质量的人际关系。

## 兴趣导向，愉悦生活

人不是机器，不能只为了工作而活。那么相应地，社交生活也不可能完全服务于工作。所以，消遣型社交也是每个人生活中的重要部分。

没有兴趣爱好的人连消遣都是盲目的。吃饭、逛街、看电影……漫无目的地参与社交，只能获得即时的娱乐。而更舒服的消遣型社交是兴趣社交。找准自己的兴趣所在，找到真正适合自己的圈子，放松压力，在兴趣中找到愉悦感。

例如，有人喜欢阅读，和志同道合的书友分享书籍。时间久了，读书多了，谈吐和生活态度都会发生质的飞跃。

有人喜欢打球，和圈子里的伙伴相聚打球，放松压力，球技也会越发纯熟。

有人喜欢绘画，找志趣相投的伙伴们一起提升画技，不光可以越画越好，还可能将兴趣变成副业甚至主业。

总之，兴趣圈子带来的愉悦感有着连续性和持久性，而随着时间的推移，累积的幸福感和价值感也会越来越高。

## 利益导向，兼顾现实

我们向往幸福的生活，但我们也生活在现实中，抛却现实谈理想，都是空谈。现实是我们无法绕开的一座大山，没有经济实力，生活就没有底气。所以，我们在考虑人际关系的得与失的时候，还要考虑现实问题。

比如，和家人相伴的确可以增加精神和情感领域的财富，但如果去和客户应酬，你将能完成业绩，收获更多职业机会。这也是很多奋斗中的职场人面临的抉择。鱼和熊掌，实难兼得。倘若你家境普通，渴望更好的生活，不得不奋斗的时候，那么建议你充分考虑自己的职业前途，对时间和精力做合理的分配。因为守护幸福不只是对情感的守护，同样也离不开对家人共同生活的经济基础的守护。

另外，社交时间的分配也是有阶段性的，在事业上升期，经济压力较大时，事业目标、经济目标必然要排在首位。当经济压力、职业压力得到舒缓的时候，可以调整自己的社交时间，留出更多的时间陪伴家人。

总而言之，得与失在某种程度上是"能量"守恒的，很多人被动地社交，得失随缘，所以人生很容易失控，更容易有无奈感或者无力感。有意识地分配社交能量，有目标地选择得失，才能真正地掌握人生。

# 3. 建立明确的社交边界

我曾在很长一段时间有意逃离和回避社交，但疲惫感仍然挥之不去。于是，我开始认真地整理自己的社交关系，抽丝剥茧后发现，是我的社交边界出了问题。

小时候，我们想和朋友靠得很近，恨不得形影不离，把所有的故事和好东西都跟朋友分享。但当我们长大成人，从年幼的情感型友谊逐渐转向社会性交往时，交往规则也发生了改变，我们越来越渴望自我的空间。

这也就意味着，人与人之间，并不是距离越近越好。可不是所有人都能够意识到这一点。所以，问题出现后，很多人始终没有找到根源。朋友换了几轮，疲惫感始终挥之不去。

社交边界的缺失，很容易让人际关系变得很累。无论是你对别人的过度关心，还是别人对你的过度干涉，都会让彼此之间的社交关系变得沉重，令人焦虑。

例如，你的朋友出现了感情问题，你苦口婆心地说了一大堆的话，劝她分手，对方却淡淡地回了一句：我想静静！你会莫名地产生一种失落感，觉得自己好心相劝，换回的却是冷漠，甚至会认为这个朋友真是有点儿糟，自己在社交中的付出被辜负、不值得。

又或者，你的朋友总是喜欢麻烦你做大大小小的各种事情，你拒绝或不悦，就会被对方说成小气，仿佛只要不提供帮助就是一种错误。

其实很多社交困境多是因为没有掌握好距离和尺度，从而丢失了边界感。

无论我们是越界者，还是被侵犯者，都会让彼此的社交关系变得沉重。

## 你的社交边界清晰吗

相信在面对这样的问题时，可能很多人的答案是模糊的，很难进行自我判定。那么，你可以参考以下几种特征。

☆过分热心，把身边人的事当作自己的事情一样上心，有救世主情结。

☆试图以讨好、承诺、示弱等方式使别人顺从自己的意愿。

☆过度依赖，把自己该做的事和该承担的责任，以各种各样的方法推给别人。

☆为了让对方开心或对自己赞赏，而迎合对方。

☆不自觉地猜测、揣摩对方的心思。

☆在知道了别人关于自己的想法之后会有明显的情绪变化。

☆害怕某人与自己的关系疏远。

☆如果对方不和自己分享秘密，就认为对方算不上朋友。

以上几种特征中，如果有四条及以上与你的情况吻合，就说明你的社交边界处于模糊的状态，需要适当调整。

每个人的心里都有一所房子，房子里装着自己的心理财产。而这所房子需要有明确的边界线，就像院子需要有围栏一样。

这种边界在心理学上被称作心理边界。每一个人或动物都在尽力地保持着自己的两种生存空间——物理空间和心理空间，而这种空间与外界的界限就被称作边界。心理边界则是为了能够将自己的心理空间与他人隔离开，以保持自己的个性，保护自己的"心理财产"。

如果你的心理边界不明晰，那么你的心理财产就会被人任意取用，你也会慢慢失去自我，变得焦虑不堪，失去安全感。

## 如何建立心理边界

建立心理边界其实没那么难。

最重要的，是你要明确一个观点：并不是人与人的社交距离越近，社交质量就越高。

很多人常常打着"为你好"的旗号，对亲人、爱人、朋友过度干涉。以至于你明明看起来有那么多人关爱，却觉得疲惫不堪。这其实都是因为你在与人相处的过程中，不知不觉地模糊了交往的边界。

比起毫无限度的关心，人与人之间的相处，更重要的是给予对方尊重。

尊重对方的劳动成果。不要打着各种各样的旗号，让别人为自己无偿劳动，比如"我写的方案太垃圾了，大神帮我改改吧！"或者自以为是地对别人的工作指指点点，比如"你这个设计，领导肯定不喜欢。"这类的做法，真的很糟糕。

尊重对方的隐私。不要过度关心别人的家庭动向、家长里短。更不要用自以为是的幽默，对别人的私事进行调侃。也许当时对方会一笑了之，但时间久了，次数多了，对方就会对你敬而远之。

还有一点值得注意的是，有时候，我们会习惯性地和不太熟悉的人保持距离，但在面对要好的朋友时，就放松下来。可是，这种放松有时候反而会成为一个"陷阱"。因为，即便是最好的朋友，我们也要充分尊重对方的私人空间。

人与人在交际过程中，会不断地试探彼此的边界线，随着了解的加深，双方之间最终形成一个相对固定的距离。所以，在最初与人交往时，就要及时展现自己的边界，也就是要明确自己在社交中，最不能容忍的是什么。

比如你特别讨厌别人使用自己的东西，你特别介意别人打探自己的隐私，等等。在明确了自己的心理舒适区之后，就要及时地在人际关系中表现出来。

一方面，在日常交往中展现你的边界感。你可以采用这样的话术，例如：

"我有点儿强迫症，所有的东西都必须在固定的位置。"

"我比较喜欢直来直往地沟通，不太喜欢寒暄的环节。"

"我有点儿'小洁癖'，别人动了我的东西，我都会忍不住擦拭一遍……"

在与人聊天时，借机亮明自己的态度，给别人留下一定的印象。

另一方面，当别人触碰到你的边界时，你要及时地亮出自己的原则。

如果别人和你开了个你认为有些过分的玩笑，或别人经常驱使你去做某件你不愿意做的事，等等，你需要及时地表明自己的态度。

例如，"我觉得这个玩笑一点儿都不好笑。""我现在很忙，不方便帮你做这件事。"或者你可以为对方提供方法性的指导，辅助对方完成。

即使这个亮出边界的做法在当时会让对方感到不悦，

也不要碍于面子闷声不吭。反之，在与人交往的过程中，如果别人对你的某些行为发出了警示，那么你就要思考，是不是自己触碰到了别人的心理边界，并及时停止自己的越界行为。

在心理学上，有一个"刺猬法则"。它是指两只刺猬，在寒冷的冬天里为了互相取暖，而保持一个适中的距离，这样不但能够相互取暖，还能够很好地保护对方不被自己伤害。其实每个人的心里都住着一只刺猬，关系再好的朋友也要保持距离。这是对他人的保护，也是对自己的尊重。

# 4. 一张朋友清单

你会把朋友进行分类吗？你又是如何理解"朋友"的？

明代有个叫苏浚的文人，他总结了四种朋友关系。分别是畏友、密友、昵友和贼友。苏浚进而解释了这四种朋友关系。

畏友，以道义互相砥砺，有过失互相规劝。

密友，不论是在平时，还是在危急的时候，都可以处得，在生死关头仍可以依靠。

昵友，甜言蜜语像糖似的，以吃喝玩乐相来往。

贼友，利益当前可以为友，遇到麻烦会互相拆台。

我刚进入职场时，一位要好的同事和我分享，他会给朋友分类，哪些朋友可以亲密相处，哪些只是泛泛之交。当时我很惊讶，因为自己在此前从来没有这样的意识。朋友都是处得来就处，处不来就不处，从来没有想过对朋友进行分类，定义交往的深度。

在经历了社会的多年"毒打"后，我想起这位同事的话，突然觉得对朋友进行分类是一件很有意义的事情。对朋友进行分类，用不同的方式对待这种社交关系，是经营高质量的社交关系的好方法。

## 你有多少个朋友？

"你有多少个朋友？"

当我向一些人提出这个问题的时候，一般会得到这样的答案。

"我有三个关系不错的朋友。"

"我有一个从高中开始就一起玩的闺密，还有四五个经常联系的朋友。"

　　"我有两个关系不错的兄弟，还有三个工作上比较聊得来的同事。"

　　多数人习惯了以关系亲密程度、交往时间、联系频率作为区分朋友的关键指标。进而又以一种顺其自然的态度继续社交。这种顺其自然在某种程度上带着一种盲目，让人看不清自己的朋友关系，在产生交际困扰的时候，又找不到症结所在。

　　我们很容易因为联系紧密，或者相识时间长对某个人产生了全方位的深度信任。但事实上，有些朋友只适合谈工作，别的他不感兴趣；有些朋友只适合和你沟通情绪，别的他没能力；有些朋友只适合吃饭聚餐，别的不适合深聊……

　　在模糊的信任下，常会发生一些糟糕的状况。比如，给朋友投资，合伙做生意，最后赔了金钱赔了友谊。殊不知，这个可靠的朋友经营能力并不强。再比如，把自己敏感的心事说给了朋友听，却没有得到任何积极的反馈。殊不知，这位聊爱好时很投缘的朋友，不会安慰人，或者很不喜欢谈论个人隐私。又或者频繁地联系一位聊得很投缘的朋友，对方或许并不喜欢这样的联系频率。

如果把朋友做好分类，或许我们与之社交起来会更舒服。

## 列出你的朋友分类清单

对朋友进行分类，能够让我们看清自己的社交诉求，知道自己交了什么样的好友，想要结交什么样的朋友，以及如何跟不同类型的朋友交往。根据关系远近，每个人大概会有以下几类朋友。

核心挚友：志趣相投，三观相似。愿意为彼此付出较多的时间和精力。与对方相处时感到愉快，愿意和对方分享自己的悲喜。

普通朋友：可能是多年的老同学，也可能新认识不久。相互聊得来，彼此欣赏，保持一定的沟通频率，但并不过度亲密。

稳定社交圈子内的朋友：有资源置换关系、职场关系，或是亲缘关系的人，需要定期维护；兴趣圈子，因为某个兴趣爱好保持一定频率的沟通。

低频社交圈子内的朋友：短暂相识或是素未谋面的人，偶然性产生交集，沟通频率低。

另外，根据朋友的主要共同点，划分朋友关系，也更能帮我们理清如何与朋友交际。

兴趣相投的朋友：有共同兴趣爱好的人。

事业上的朋友：关系不错的同事，或者同行，以及一些人脉资源。

亲缘朋友：亲属中关系不错，当朋友相处的人。

知心朋友：可以相互陪伴，三观相似，在精神上有深度共鸣，可以聊心事的人。

又或者可以自己拟定一些标签，对朋友做好分类。比如，适合一起分享好物的朋友、适合一起聊心事的朋友、适合一起约饭逛街的朋友、适合一起分享职场的朋友、适合一起结伴做某项运动的朋友……

以上划分思路仅供参考，大家也可以按照自己的思路划分。朋友不在于多，而在于精。不妨现在就列一张自己的朋友清单吧！

## 5. 一个循序渐进的计划

如何开始人际断舍离？你有人际断舍离的计划吗？

我在和一些正在为人际关系所烦恼的人沟通的过程中发现，很多人的计划性都很差。他们并不认为自己人际关系的混乱和疲惫，与计划性的缺失有什么关系。

例如，当我向某人询问关于人际关系整理的计划时，他显得很茫然。他思考了一会儿给出的答案是，希望社交别这么累，多点儿自己的时间。再无其他。

当我继续追问他要如何实现这个目标，有怎样的实操计划的时候，他的回答是，慢慢努力，少参加点儿应酬。

提到应酬时，他打开了话匣子，开始抱怨自己在人际关系中身不由己，某某人不讲究，后悔当初不该对他太好；某某人很讨厌，不值得深交；等等。

从这一系列沟通中可以看出，他对于人际关系的整理既没有目标，也没有计划性，奉行的是走一步看一步的做法。但这并不是个例，而是一种很普遍的现象。

很多人在陷入困境时找不到问题的根源，所以更容易抱怨外部环境，认为自己没有问题。趋利避害、自我粉饰，这是人的本性。可一旦陷入这种自我麻痹中，就容易目标模糊，没有计划，很难突破人际困境。

所有的改变都需要过程，我们需要制订一个循序渐进的计划，才能达成人际关系断舍离的目标。

## 制订科学计划

在人际关系断舍离的过程中，可参考管理学中的SMART 原则制订计划。"S"代表具体（Specific），"M"代表可衡量（Measurable），"A"代表可实现

（Attainable），"R"代表相关性（Relevant），"T"
代表有时限（Time-bound）。

例如：

☆删掉无用的聊天群，只留下三至五个重要的群。

☆删掉所有广告推销。

☆每周只参加一次聚会。

☆与三个不喜欢的人疏远。

☆与不超过三个人保持深度联系。

☆用六周的时间精简社交，每周为自己留出六小时私
人时间。

## 阶段性计划

人际断舍离计划需要有阶段性。大致可以分为两个
阶段。

第一阶段：断舍离。

从无效的低级社交中解脱出来。

发达的网络带来了过剩的信息，过剩的信息不断地入侵我们的社交生活，消息泛滥的朋友圈，让人沉迷的手机娱乐软件……多数人低头看手机，沉迷于刷朋友圈和短视频，其实是为了满足好奇心。欲望得到满足后，人就会感到空虚无聊，还会感到眼睛酸痛、大脑疲劳。而且，把大量的时间和精力花在各种低级的社交活动上，不仅会浪费大量的时间和精力，还会让自己更加焦虑。因为我们发现别人成功得如此简单，自己的生活却毫无起色；别人的生活多姿多彩，而自己的生活单调又乏味。

不论是信息成瘾，还是社交成瘾，一些研究表明，如果能够有意识地减少上网时间，就可以让自己的日常生活更有计划性，让自己充实起来。这是整理社交关系的第一阶段，也是重要基础。

第二阶段：整理关系。

把不同的关系逐渐调整到舒服的距离，缓解人际关系中的疲惫感，并在人际关系中获得越来越多的正向能量。

☆友谊关系：与不同的朋友保持距离，关系好的深

度交往，关系远的保持礼貌距离。远离让你感到不舒服
的人。

☆资源关系：平等的资源置换，礼尚往来。不过度给
予或索取。

☆亲友关系：按照亲情的亲密度保持合适的交往
频率。

## 计划梳理清单

你可以根据自己的目标，回答以下问题，逐步梳理
自己的人际断舍离计划。通过计划，循序渐进地减少与那
些让你疲惫但无法规避的人的交流时间，将彼此的关系固
定在舒适的范围，实现自己的目标。

☆你是否为人际关系而感到疲惫？

☆你希望通过多长时间来解决或者缓解社交疲惫？

☆你日常社交的时间是如何分配的？

☆你每天大概要花费多长时间用在网络社交上？

☆你每月会参加几次社交聚会？

☆你有哪些社交时间是低价值的？

☆你有哪些应酬是不愿意参加的？

☆你有几个值得花时间深交的朋友？

☆你有哪些朋友不值得深交？

一个美好的结果，源于一个靠谱的计划，此刻，请列出你的断舍离计划清单吧。

# 6. "不放水" 的执行者

　　大部分人应该都有这样的经历：总会为自己制订一些目标和计划，比如早睡早起、读书学习、减肥健身等。但是过一段时间，那些设定好的目标就被抛到了九霄云外。

　　因为，人们在执行的过程中总是不知不觉地给自己"放水"，不断降低标准，虎头蛇尾，敷衍了事。

　　在生活和工作中，要持续做到"不放水"其实并不容易。

## 监督结果

有这样一个故事，有一位古人，总觉得自己每天都会做一些错事，为了少犯错误，他想了一个主意：拿出一个碗、一包黄豆、一包绿豆，每天做了一件好事就把一颗黄豆放进碗里，做了一件错事就把一颗绿豆放进碗里。

每天晚上睡觉之前，他就数一数碗里有多少颗黄豆、多少颗绿豆，想一想自己今天做了哪些好事、哪些坏事。就这样日复一日，黄豆逐渐增多，而绿豆日渐减少。

从这个小故事中，我们可以看到每天监督自己的好处：无论做了什么事情，每天睡觉前都复盘自省，哪些该做、哪些不该做，该做的事情又有哪些做得不好，该怎样改进。这样才能不停地进步，而不会停滞不前。

我们制订了计划，就需要每天检查自己的完成情况，这样才能督促自己不断改进，真正做到执行到位，让计划有效实施。

这个道理也同样适用于人际关系断舍离的计划，一旦开始了，就应该努力成为一个"不放水"的执行者。

## 如何让自己"不放水"

很多人无法坚定地执行人际断舍离计划，是因为畏难情绪，放不下心中的执念：分手后舍不得前任，沉陷于过去出不来，反复翻看前任的微博，看着他/她交新男/女友开始新的生活，自己伤心难过；曾有一个特别好的朋友，但最后你们渐行渐远，对方逐渐有了新的圈子，你还沉浸在失去中，你们回不去，你也出不来。

失去的感觉并不好过，但不做改变注定会在过去里越陷越深，让痛苦把自己越缠越紧。所以，要有与不值得的关系断舍离的勇气，并坚定改变的信念。拒绝接受不需要的东西，舍弃一些对事、对人的执念。

执行计划具体可以尝试采取以下措施。

（1）确定目标现实可行。

错误目标：每天跟一个不喜欢的人断绝往来。这个目标听起来不错，但却很难实施。

正确目标：一个星期不和前男友联系，两个星期之后删掉一些照片……有效的目标是具体、可量化、可实现的。

（2）对自己宽容一些，给自己一些时间。

很多人明明可以因为自己做到某事而感到开心，但却总为做不到另一些事苛责自己。长此以往，会对自己越来越失望。因此，不要过分关注"做不到的事情"，要允许自己偶尔犯个错误。

只有原谅自己，摆脱自责情绪，才能毫不气馁地执行计划，面对挑战。

（3）打卡记录，成就感是坚持的动力。

为了后续的检查和调整，一定要认真去做记录，记录的方式很多，可以用本子、App 或者是电子文档等，任何形式都可行，让结果可见。

当你坚持一段时间后，就会产生"我也能做到"的成就感，也会更主动地持续坚持下去。

（4）验收计划，奖励结果。

很多人做事经常半途而废，根本原因在于：他们从未想过要给自己的执行过程设计一个验收机制。

要找到自己的灯塔或者熬制自己的"鸡汤"，累了想放弃的时候，为自己加油打气，感受"不放水"带来的甜头，除了精神上的自我激励，还可以给自己一些物质奖励。

当下的每一份坚持，都会在不远的将来得到回馈，让你的人际关系变得清爽而舒适。

第四章

# 清理人际关系的死角

**▌** 如何应对那些难搞的情况

# 1. 人际断舍离初期的"不良反应"

　　做出改变真的很难，或者浅尝改变，就又回到了最初状态。我们在做很多事情的时候，都是如此。包括在调整自己的人际关系这件事上。

　　为人际关系减负是一个美好的愿望，但有时候，当你下定决心进行人际关系断舍离时，会感到焦躁不安，甚至有一种莫名的失落感。

　　于是信念渐渐破碎，一切恢复如初。如此一来，循环往复，使自己苦不堪言。

　　其实你明知道有些人际关系实无必要，但真到了舍弃之时，仿佛冥冥中有股力量在阻挠，于是犹豫不决，又或者最终妥协。

为什么精简人际关系会让人如此不安，为什么会出现许多难以把控的心理"不良反应"？

## 敏感——内心深处的惊涛骇浪

身处同一个世界里的人们，看到的世界各有不同。因为，我们看到的世界，其实是我们心灵的投影。

所以，对别人来说原本无关紧要的事，有可能在你心中已掀起惊涛骇浪。明明是无关紧要的社交关系，或许会被你无限放大，以至于影响了你的判断，打破了你的计划。

比如，你周末本打算安安静静地欣赏一部电影，但朋友喊你一起去喝酒，你可能会产生联想：如果自己不去赴约，朋友心中也许会介意，下一次自己约他，可能对方也会拒绝，一来二去关系就会疏远。于是你便放弃了看电影，答应了邀约。但可能对朋友来说，他只是礼貌性地询问，并不强求。

比如，一个偶然相识或是关系生疏的朋友找你帮忙，你想拒绝，却怕对方误解自己，怕他对你们共同的朋友吐槽，败坏你的名声。但或许，对方只是尝试着问问。

当我们在对人际关系做出改变的时候，敏感放大了我们的一切感受，产生了一系列地糟糕联想，以及漫无边际的恐惧感。

这该怎么办？脑袋不听话了，控制不了胡思乱想，控制不了紧张的心情……

没错，我们有时候明白这些道理，但却没那么容易掌控内心，我们无法直接命令自己停止敏感。

但如果你意识到自己是个内心敏感的人，并因此而感到困扰，这已经是一个不错的开始。

接下来，几个小方法，可以尝试。

（1）阅读相关心理学知识。

有时候，我们之所以感到困扰，是因为不够了解自己的内心。阅读相关心理学知识，相当于给自己的内心做一次透视。这可以帮你学会客观思考，像一个冷静的旁观者一样，去拆解隐藏在自己内心隐秘角落里的敏感和紧张。看透、看清了自己，才能在自己的敏感时刻，像对待一位好朋友一样劝慰自己。

（2）冥想练习。

让自己进入一种全身心的平静状态，让内心的敏感也慢下来，并试着给自己植入一些正向的念头。比如，有时候你担心自己因为没有给朋友帮忙，朋友会对自己有想法，其实只要转念一想，"朋友一定不会介意我的拒绝。而且，就算他真的不高兴了，又会怎样呢？总不会因为自己的拒绝而断了关系。就算真的断了，这样的关系其实也是不值得去维系的。"通过植入这样的念头，一层层地思考，很多敏感带来的焦虑和恐惧，也就疏解开了。

（3）调整思考的方向。

敏感会带来多思，如果你很难让思考停下来，那就调转思考的方向。在你为人际关系作出改变而感到烦恼时，去想想其他更重要的事。比如，思考一下未来的规划，想想自己周末的行程，甚至是明天早餐、午餐、晚餐吃什么，诸如此类。对未来做出一些瞻望，更容易让人从当下的人际苦恼中抽离出来。

（4）寻找适合自己的宣泄方式。

内心敏感的人，在需要改变的时候，会因为胡思乱想而焦虑不安，在这种情绪的驱动下，会不自觉地将行为调整回过去感到安全的状态。找到适合自己的宣泄方式，疏通情绪，也容易平复敏感状态。例如，你对某些人和事感到不安时，试着去做一些可以平复情绪的事，然后观察哪一种方式能最快、最有效地让自己获得放松。在下一次遇到类似的情绪问题时就可以直接使用这种方法，帮助自己平复情绪。

## 迷茫——迷失方向的麋鹿

很多人之所以会在舍弃一段人际关系时感到不安，是因为你正处在迷茫阶段，不明白自己想要的是什么，所以才会患得患失。

如果你忽然有了一个空档，又没计划要做什么，可能又会觉得以前应酬虽然多，但至少可以打发时间，不至于那么无趣。

如果领导给你布置了一项任务，工作量很大，事情很多，限期一周完成。时间紧、任务重，每天加班加点都不一定能够完成。此时其他同事再叫你一起去 K 歌、聚餐，你肯定会毫不犹豫地拒绝。

这就是目标的力量，它能给你一个清晰的方向。倘若你有了坚定的目标，那么你一定明白什么东西不能舍弃，什么东西该舍弃，什么东西必须舍弃。

此时的你，需要做的是找好一个方向，立足于某个基点，然后不顾一切，朝着这个方向披荆斩棘地前进。

比如，你想每周多留出一些时间陪伴家人；你想学习一项新技能；你想要做副业；你想做自媒体；等等。

有了坚定的目标之后，你会发现，低质量的人际关系会成为前进的绊脚石。时间缝隙被更多有实际意义的事情填满，也就不会再有强烈的焦虑和不安。

## 善良——温暖他人的"中央空调"

聪明是一种天赋，善良是一种选择。但是如果你的善良没有一点儿锋芒，最终会使得自己遍体鳞伤。

太过善良有时会成为一个弱点，会被别人利用，不断试探你的底线。

在工作中，明明是领导安排给同事的工作，同事却找借口说很忙，请你帮忙处理，你欣然应允。第二次领导再安排事情给对方，对方见你第一次答应得如此爽快，就还会找各种借口让你来做这件事。

当然，并不是所有人都是如此，但难免会遇到职场"老油条"，能甩锅的时候必然会甩锅，能邀功之时一定也不会少了他们的身影。如果遇到了这样的人，何必为了所谓的职场人际关系，让自己辛苦一场，为他人作嫁衣呢？做好自己的本职工作，在心有余、力且足的时候可以适当帮助同事，但不能一味地妥协退让。

因为善良，所以你总是无法断绝无用的社交关系。像"中央空调"一般，用自己的暖风温暖他人，却在不断磨损消耗自己的能量。

其实大可不必如此待人，许多时候，你自以为的诚心相对，推己及人，可能在别人眼中可有可无。

或许你偶尔的锋芒，该拒绝便拒绝时的气魄，反而会让朋友更加重视你、欣赏你。

## 2. 不要高估你和任何人的关系

我们常说，出门靠朋友，朋友多了路好走。殊不知，更关键的是，朋友不在多，就怕遇事缩。

你累了，有人会说"累了就别干了"，但他不会给你钱花；你生病了，有人会说"多喝热水"，但他不会把药送到你家楼下。

当你真正遇到困难，急需钱周转之时，那些平日里跟你打得火热、有事没事小酌几杯的人，有几个会给你实质性的帮助？

即便是邻居、同事、最好的朋友，甚至是最亲的人，每个人心里也都有自己的小算盘。有这样一句广为流传的话："如果你想失去这个好朋友，那就和他合伙做生意；如果你想失去这个亲戚，也是和他做生意。"无论生意是亏是赚，都是如此。因为人性经不起考验。社会中的人际关系很现实，很多人愿意锦上添花，却少有人雪中送炭。

所以，与人交往应保持真诚和善良，但永远不要高估和任何人的关系。

## 你以为很重要≠别人也觉得重要

心理学中有一种"聚光灯效应"，指的是会有人不经意地把自己的问题放到无限大。

比如在演讲中出现了一点儿失误，其实这件事或许只有你知道，也只有你在意，即便别人当下可能会有所议论，但是转瞬就会忘记，而你却一直陷在所谓的失误带来的悔恨里。

在人际关系中，更是要避免这种"聚光灯效应"。

把自己当成一个普通人，允许自己犯错，放平心态，不对人际关系做过度的解读。

比如，你跟一个认识的人打招呼，对方没有理你。你的心中可能就会产生"聚光灯效应"，开始胡思乱想，我跟他打招呼他都不理我，是不是我哪里得罪他了？他是不是不喜欢我？当然不排除有这种可能。但是被人喜欢和讨厌，都是很正常的事情。

在社交中，不仅仅是放大问题，有的人还会放大自己的位置。在日常生活中，我们见过太多"好好先生"的角色，他们的心中似乎有一个放大镜，小心谨慎地维持一切关系，认为自己对于他人很重要。但也许事实上你以为与某个人关系很好，在别人看来，你们不过是普通朋友。

放大自己的问题，放大人际关系的细节，放大自己在人际关系中的位置，这些想法引起的思虑在心中叠加，会让人际关系愈加沉重。

## 不高估自己，允许期待落空

为什么你不快乐？因为你总是在期待一个结果。

看一本书就期待自己变得深刻，跳一跳操就期待自己能瘦下来，发一条朋友圈就期待被评论、点赞，对别人好就期待得到等价回报……

这些期待如果实现了，就会长舒一口气，若是没实现，就开始自我反省，是哪个环节出了错……其实完全没必要如此。

在人际关系中，我们要学会看淡人来人往，不再纠结于人情冷暖，允许期待落空，这会让你更容易拥抱快乐。

你以为的情深义重，在别人眼里也许一文不值；你以为的掏心掏肺，也许别人转身就忘得一干二净。

人心是世上最复杂的东西，不经一事，根本不知道自己在别人心里有几斤几两。人要学会摆正自己的位置，认清自己的处境，不高估自己，便没有落差；不过度依赖，便不会有巨大的伤害。

不值得的人永远是不值得的人，让你失望的人也不会只让你失望一次，与其把感情浪费在这些错误的人身上，不如放下执念，让自己能够独立行走。因为快乐永远掌握在自己手中，而不是生长在与别人的关系里。

允许期待落空，是一种自我成全，也是对别人的成全。

## 舍弃无用的关心和人情

生活中有太多的好心人、太多的情面在拉扯着你，轻装前行的第一步是舍弃无用的关心和人情，别和不值得的人纠缠。

很多时候，击垮人的并非多大的难题，而是一些非常琐碎的小事。因为那些看似微不足道的小事，会无休止地消耗人的精力。

有些人打着"为你好"的幌子，肆无忌惮地侵犯你的私人空间和精神领域，逼得你进退两难，备受煎熬。有时候你为了维持表面友好的关系，与人相互客套，说着不感兴趣的话题。

如果你为此感到烦恼或痛苦，又为改变所为难，很大程度上是还没有认清这种以消耗自我为代价维持的关系，根本没有想象中得那么重要和不可失去。

与其花时间参加不感兴趣的聚会应酬，不如把时间节省下来，看场演唱会、上个兴趣班……哪怕是自己窝在家里追剧、看书。把时间留给自己，取悦自己，才是最放松的消遣。

## 3. 解放彼此难道不值得庆祝吗

我们总是习惯以自己的视角去看待世界。自己感到冷的时候，便会告诉家人加衣服；自己脆弱，便默认了他人也很容易受伤。

在社交中也是如此，很容易出现一些糟糕的情况。自己敏感多思，也会认为对方容易多想。于是，在与人交往时变得格外小心、谨慎。

实际上，由此产生的社交疲惫，都是自找的。最好的社交状态，是双方都舒服且自在，是不喧嚣而又有意义的。让自己沉淀下来，放松下来，不再过度揣测人心，把更多的精力放在自己身上，才能真正地卸掉社交的重负。

## "被迫营业"的你，真的快乐吗

用友好的态度"被迫营业"，成了大多数人为获得更好的生活而做出的选择。

即使无奈，也只能安慰自己，都是为了生活，把"被迫营业"当作成年人世界的规则。

心里明明想要对某个人或者某件事情说"不"，结果却碍于面子，硬生生地把这个字吞到了肚子里。这种违心的接受其实会形成一种无形的压抑，让自己蓄积许多负能量。

经常"被迫营业"很容易让自己沦为"工具人"，当付出变成理所应当，社交的压力便会不断增加，直至将人压垮。所以，你的善良必须有点儿锋芒。

"被迫营业"的"被迫"，很多时候看似被他人所迫，但事实上，真正为难自己的那个人，其实是自己。

## 人脉是人脉，人情是人情

生活在社会之中，总免不了一些人情世故，要和人打交道、交朋友。但总是有很多人将"人脉"和"人情"混为一谈。

很多人通常认为，广交朋友，关键时刻会用上，于是用大量精力维持人情世故，并在遇到事情的时候托关系、找朋友，优先使用人情，以此来解决问题。

很多事情使用人情的效果并不明显，反而是为自己徒增人情包袱。而人情是世上最难还的债。

人脉的联结依靠的是可交换的价值，并不是广交朋友就有广阔的人脉。

另外，每个人衡量人情的尺度不同，一个人被朋友拒绝时，会认为朋友凉薄，枉费自己曾经的付出。对方可能会觉得，自己此前在另外的事情上帮助了这位朋友，并不相欠。一来二去，生了嫌隙。

## 抛弃变质的关系

变质的朋友和变质的食物一样，都会给人带来伤害。

如果一个人持续地和你分享负面情绪，一定要有意识地与之保持距离。

每个人的生活中都有着各自的不如意，但作为朋友，不该一直接受另一个人的"情绪垃圾"。

总是向朋友倾倒"情绪垃圾"的人，只在乎自己。

我们可以帮扶朋友，但并不能拯救他人。不要一味地牺牲自己去当别人的"树洞"，就算你花大量的时间和倾诉者复盘已经发生的事情，也没有办法改变对方。

唯一能做的就是与之保持距离，尽量远离，不在无意义的沟通中确认自身价值感。

看不惯就不看，觉得不舒服就绕开，把宝贵的时间花在更重要的人身上、更快乐的事情上。

远离变质的友谊，并不意味着你伤害了对方，而是解放了彼此。你守住了宝贵的时间，对方获得了成长。

## 离开"毒舌"的人

有些人在交际中很毒舌，甚至还说些非常过分的话，如果你对此表示不满，他就会用"我说话比较直，但我也是为你好"这样的借口，来粉饰自己的言语冒犯。

他们把这种挑剔和毒舌行为当作关系亲近的一种表现。

你的糗事，你的糟糕境遇，会在你们共有的小圈子里尽人皆知。你做的一切，都可以被轻易地贬得一文不值……

这样的友谊，其实就变了质。

交际是为了给生活增添快乐，而结交这样的朋友，却会无限压缩自己的快乐。

不带善意的心直口快堪称恶毒，而这样的"朋友"，没有必要交往。

# 4. 如何远离无效社交

无效社交耗时耗神，要如何从无效社交里脱身？这是个困扰过很多人的问题。因为放下成年人的妥当和体面，着实是件很难的事。有没有相对简单又有效的方法来达成目的？你可以试试下面这些方法。

## 优雅的成人谎言

适当的谎言是一种成熟的社交技巧，在进行人际关系断舍离时同样适用。

这里所说的"谎言"并非真正意义上的谎言，而是彼此心照不宣的遮掩，是一种委婉的拒绝。

有时候谎言确实能够让你尽快结束一件事情，为你免去麻烦。毕竟实话反而有可能会带来更多的麻烦。

比如，当别人问你一件很尴尬、很麻烦或者你不愿意说的事，为了避免对方刨根问底，你多半会下意识地在"我现在不想说这件事"和"我不太清楚这件事"中选择后者。也就是说，无意中你已经向别人隐瞒了真相，撒了谎。

在人际交往中，在不伤害别人的前提下，适当运用一些小谎言，保护自己的私人空间，可以让你拥有更舒服的人际关系。


## 疏远，从不回应开始

想要不动声色地与某个人拉开距离其实很简单，就是抱着一种"我只看看，不说话"的态度，什么都不说，什么都不回应。

比如，问你对某件事的态度，你可以不发表任何意见，或者可以敷衍地回应，减少积极回馈，不要做任何多余的事。

谈到你不喜欢的话题，可默然一笑，不发表观点，不去做任何语言上的回应，然后去做自己手上的事情，或者去和别人聊其他话题，让对方察觉到你的心不在焉。而对方在你这里得不到反馈，自觉无趣，也就不会再过多倾诉，慢慢地你们的关系就会拉开距离。

## 疏远，从不主动联系开始

如果你下定决心，要疏远某个圈子、某个人，那就从不主动联系开始。

俗话说"日亲日近，日远日疏"。天天在一起的人，关系自然要比普通人亲近些。但断了联系后，再好的感情也会渐渐疏远。

要尽量少与其接触，彼此不要有太多的交流，减少游乐次数，慢慢地退出他们组织的社交活动。

若对方相约，可以找一个得体的理由拒绝。态度要委婉，不要太强硬，尽量表现得真有事要忙，很遗憾也很抱歉，让对方自觉没趣而又不至于太尴尬。

具体的行动：

降低联系频次 – 拒绝线下聚会 – 朋友圈不再互动 – 不见面 – 不再联系。

## 合理利用社交潜台词

如今，"有空一起吃饭"这句话更多地成了一种"套路"、一句可有可无的寒暄，在那些许久不联系，突然找上门的人口中常常能听到。他们也只是有需要的时候才想起你。

若是你不想维护这段关系，那就用委婉的方式拒绝吧！比起"我不想和你吃饭""我那时正忙着，改天再约"要更好用。

而面对别人的请求或者邀请，最恰当的拒绝逻辑就是：先从情感上表示认同，再表明无能为力；或是贬低自己，降低对方的期望值，顺势拒绝。

## 分辨人际关系层次

越来越多的人讨厌无用的社交，却因为面子、个人心理需要、未来需要、职业发展需要、业务往来等原因深陷其中，以致疲惫不堪。因为有些人际关系，既无助于物质增长，又无益于思维提升，不能开阔视野，也没有什么乐趣。更可怕的是在某些人际交流中，人们并不能真实地表达自己。

所有的人际交往都是有目的的，无论是功利的，还是联络情感的，都不应该沉迷其中，应该有自己的看法和选择。只有认清围绕在自己身边的人际关系背后存在怎样的关联，才能有针对性地采取不一样的婉拒措施。

拒绝泛泛之交的请求，礼貌拒绝即可，不必过多解

释；拒绝朋友的请求，则要讲明难处，得到朋友的理
解；拒绝人脉关系的请求，则是要表明自己能力有限或
资源不足，可适当为对方提供自己的想法和对策。根据不
同关系的特征选择拒绝方式，更容易让自己从疲惫的关系
中抽身。

# 5. 人际焦虑断舍离

在人际关系中，人的疲惫感仅仅来自那些不想结交的人吗？

当然不是。

与友善、温和、聊得来的人结交，也会感到疲惫吗？

会的。有些人会在人际关系中处于持续焦虑的状态。

很多人认为人际交往的舒适度取决于相交的人。当然，与讨厌的人相交，让人痛苦不堪；与可爱的人相交，会收获不少快乐。但很多人却忽略了内在因素。

社交中的疲惫感不仅仅来自人际关系的复杂，也有很大一部分来源于由人际关系造成的精神内耗，进而催生出持续不断的焦虑。

不可否认，有很多人就是对人际关系很敏感、很焦虑，他们在所有的人际关系中都将自己定义为弱势的一方。所以，无论与什么样的人交际，都会感到很紧张、很疲惫。

我很弱小，害怕受伤，所以我必须随时对人保持戒备。我不重要，害怕被抛弃，所以我必须尽可能做到让别人满意。我能力不行，害怕被淘汰，所以我必须努力表现自己。我不够聪明，害怕被嘲笑，所以我必须和别人保持观点一致……

诱发焦虑的基本逻辑就是：我很差，所以我一定要怎样，才不会发生糟糕的事情。

人际断舍离不仅仅是人际关系的梳理和精简，还要在情绪上为自己减负。

首先，寻找一个自身稳定的、客观的价值点，避免内耗。找到自己的专长领域，在客观事实和主观意志上承认自己的优势。比如，我擅长设计，我能靠着自己的专长赚一份工资，我的设计作品被印刷成海报、包装，被客户广泛使用。我有时候靠着自己的能力，还能赚些外快。这都是确定自我价值的依据。

其次，接受不完美。接受自己不完美的前提，是要认清世界的不完美。在这个不完美的世界里，自己和别人一样，都有优点和缺点。这是一件很平常的事情，没必要对自己的缺点和不足之处反复批判。而那些不足之处，也是未来进步的空间。

最后，降低期待标准。我不必让所有相交的人都喜欢，只需要真正合得来的人认可我就足够了。即使合得来的人，也不一定要认可我的全部。对方能够认可我的优势就足够了。逐步降低自己对社交反馈的期待，可以让自己从对人际关系的恐惧中抽离出来，将精力投入到真正有价值的事情当中。

第五章

# 潇洒地抽身

**高效断舍离的实用方法**

# 1. 缩减人际成本，提高人际效益

养一盆花，要付出时间、精力，为它浇水施肥。

买一根冰棍，要支付相应的金钱。

人生中的任何所得，无论是看得见的还是看不见的，都是有成本的，人际关系也一样。有时候人际关系让我们感到很累，是因为我们为此付出了过高的成本，而获得的又是低价值的关系。所以，面临一种双向亏损的状况。

如何让你在人际关系中扭亏为盈？可以试着抓好几个关键指标。

## 缩减人际成本

人际断舍离中很重要的一点就是缩减人际成本的支出，这些成本的构成或许并不明显，但实际上，却是一个人最重要的生命价值。

缩减时间成本：时间是生命的载体，如何花费时间，也就意味着如何支配自己的生命。在人际关系中，减少不必要的时间成本投入，也就意味着，我们将会拥有更多可支配的时间。

缩减情绪成本：我们很容易与熟悉的人、关系亲密的人共情。但共情不是义务，过度支出情绪成本，容易消耗自己的内心。

缩减精力成本：与人相处，都是要花费一定精力的。做好精力的分配和做好时间的支出一样重要。

缩减物质成本：物质成本包含了钱、物等一切实体支出。太多的支持可能会成全一个大方的美名，但换来的也很有可能只是单方面的消耗。

缩减资源成本：每个人或多或少地掌握一定资源，人脉资源也好，技术资源也好。有忙就帮，有求必应，不仅仅会消耗你的资源，也会让资源贬值。所以，资源成本，也当斟酌使用。

## 精打细算地支出，做有价值的投资

人际断舍离的精髓并非绝世离尘，拒绝社交，拒绝一切人际投入。而是要精打细算地考虑时间和精力成本，把它们花在更有价值的社交关系上。

现在社会节奏太快，大多数人每天都要面临工作、家庭中各种各样的问题。事情多，时间少，经营人际关系，参与社交，更需要考虑社交价值和时间成本。

而面对总是敷衍自己的人，与其为苦心经营得不到回应而悲伤，倒不如果断放弃，让彼此都轻松。因为在这种状态下自己的人际投资属于零收入，或者亏损状态。

所以，在人际投入上，更要精打细算，做个有眼光的"投资人"。与人相交，不存牟利之心，但总要收获一些价值。优质的、有价值的关系会让我们在精神、情感、情绪、知识、认知、资源等方面得到滋养。

另外，在一段人际关系里，除了得到"收益"，也要尽可能地做一个能提供养分之人，否则你也可能会成为朋友"断舍离"的对象。

## 提升社交货币价值

决定人际交往的质与量的是自身存在的价值，是一个人在多大程度上被别人需要，而不是你能对别人多好。

一个真正强大之人，不会把太多心思花在取悦别人上，而是用在提高自己的内功上，把自己修炼得愈加强大。这也是提升社交货币的价值。

当越来越多的人想"利用"你，也就意味着你的交际圈越来越广，选择越来越多。

每个人的生命力都像一块磁铁，你表现出什么，它就会吸引什么。你是谁，就会遇见谁。你只有到了那个层次，才会有相应的圈子。

自己是梧桐，才会引来凤凰；自己是大海，百川才会汇聚。若是你想吸引能帮助你的贵人，那你就先做别人的贵人。这个世界上压根儿没有什么低层次的圈子，与其埋怨自己的圈子层次低，不如先花时间反省自己。

强者善于改变自己，弱者只会抱怨遭遇。毕竟，决定你圈子层次的人不是别人，而是你自身的价值。

## 2. 果断抽身的五种方法

　　没有绝对不能失去的关系。如果一段关系让你觉得很累，那就及时撤离，不要消耗自己。

　　"我真是受够她了！"朋友阿姝向我吐槽她的某位朋友，她们从高中起，就是很要好的朋友，这些年一直保持联系。但这些年她们都改变了很多，她和朋友在为人处世方面的差别也越来越大。最让阿姝受不了的是，这位朋友总是让阿姝托关系帮她解决各种各样的问题。这一次，她让阿姝帮忙推荐工作，但她在面试时表现得很糟糕，没能面试成功，所以又来向阿姝抱怨。

　　阿姝说："这是我最后一次帮她了，以后她有什么事情找我，我都不会再管了。"

但这样的话，我已经听阿姝说了不止一次。因为她总是抵挡不住朋友的软磨硬泡，无法从这种疲惫的关系中抽身。

我相信有类似阿姝这种情况的人很多。一面抱怨吐槽疲惫的人际关系，一面又持续无奈地妥协。那么该如何从这些糟糕的关系中抽身呢？

## 方法一：直面抽身的结果

很多时候，你从一段糟糕的关系中没能勇敢抽身，是因为恐惧变化，恐惧未知的结果。盲目的恐惧情绪，会把你困在一种进退两难的状态里。

为什么阿姝会反复遭遇这样不愉快的经历？其实，阿姝只是陷在烦恼和问题中，根本没有积极地解决问题。如果不能转换思维，把自己调整到解决问题的模式中，再遇到同样的情况，也只会重蹈覆辙。

　　转换思维最重要的，就是直面抽身的结果。也就是真正理清楚，如果你彻底舍弃了与某人的关系，会失去什么，会带来什么样的结果。

　　例如，我帮阿姝梳理了她和朋友的这段关系。在上学时，她们关系要好，无话不谈，但随着两个人的成长和改变，她们在生活环境、认知水平、处世模式等，很多方面都出现极大的差异。她们的差异，已经是无法逾越的，继续相处下去，只会矛盾不断。所以，对这段关系进行断舍离无疑是最好的选择。

　　那么阿姝在舍弃这段关系之后，需要面对怎样的结果呢？

　　最坏的结果无非是，这位朋友会谴责她背弃友谊，会拉黑阿姝的联系方式，会向身边人以及她们的共同好友吐槽阿姝不念情分。如果不巧碰到，可能还会对她冷嘲热讽。

　　当阿姝把所有的结果梳理出来之后，并没有找到有哪些结果是她不能面对或者不能承受的。对结束这段关系的纠结和恐惧也随之减少。

## 方法二：逐步抽离

在进行人际断舍离时，除了剖析结果，脱离情绪的掌控也同样重要。

在 NLP（神经语言程序学）心理学上有一个可以消减事情带给自己的情绪的方法，叫逐步抽离法。

NLP 心理学认为，潜意识分为很多“部门”，每个“部门”负责不同的功能。

在抽离法中，我们会让两个功能“部门”发挥作用。一个是情绪部门，负责情绪管理；另一个是策略部门，负责想办法处理问题。

只有让这两个“部门”进行沟通，各自负责什么工作，才能完成消减负面情绪的任务。否则，两个“部门”一起来负责情绪，就没办法解决问题。而抽离法就是让两者各司其职。

一方面，接受自己因为疲惫的人际关系带来的情绪，认识到自己正为此很烦恼，并在情绪的驱使下，不断地督促另一个"部门"去想办法解决问题。另一方面，负责处理问题的"部门"去寻找解决对策，列出解决方法，并去执行。

在这种过程中，我们从一种被困在情绪和问题的状态中抽离出来，并找到一条解决问题的路。

## 方法三：转视法

有时候，同一现实或情境，从一个角度来看，可能引起消极的体验，使人陷入心理困境；但从另一个角度来看，也许就可以发现积极意义，从而使消极情绪转化为积极情绪。

相信这个故事很多人都听过。

一位老太太有两个儿子，大儿子卖伞，二儿子晒盐。为了两个儿子，老太太差不多天天发愁。

愁什么?

每逢晴天,老太太就会念叨:"这大晴天,伞可不好卖哟!"于是为大儿子愁。

每逢阴天,老太太就会嘀咕:"这阴天下雨的,盐可咋晒?"于是为二儿子愁。

老太太愁来愁去,日渐憔悴,终于抑郁成疾。两个儿子不知如何是好。

幸一智者献言:"晴天好晒盐,您该为二儿子高兴;阴天好卖伞,您该为大儿子高兴。"

这样一来,老太太果然转愁苦为欢乐,心宽体健起来。

在审视、思考、评价某一客观现实情境时,学会转换视角,换个角度看问题,才能在痛苦不堪的心理困境中找到出路。

任何事情都有得失两面,在处理人际关系的问题上也同样如此。当你苦恼于结束一段低质量的人际关系可能带来的糟糕结果时,不妨把目光放在进行人际断舍离之后自己收获的价值上。你将不再为消耗自己的人际关系而烦恼，你会节省出更多精力做自己喜欢的事，有更多时间陪伴真正值得深交的朋友……当你能够转换视角思考问题，会更加容易走出人际关系的困境。

## 方法四：拒绝内耗

很多人有这样的体验：考试还没开始，就担心自己考不好；工作稍有失误，就担心被炒鱿鱼；爱人没及时回消息，就开始胡思乱想……

当一个人陷入了这样的内耗中，就很容易被焦虑、自责等负面情绪击垮。

这种情绪代入到人际关系中时，会更加糟糕。在想要拒绝别人的请求时，自己就忍不住担心与对方处不好关系；在对方表现出生气之后，就在想是不是自己哪里做错了；当对方反应冷漠时，就在考虑要如何找话题，主动打破尴尬；等等。这种内耗的焦虑会让人疲惫不堪。

　　此刻你要做的就是先让自己行动起来，无论你做什么，打扫房间、整理文件，或者只是洗个澡，出去散散步，都比持续陷入思考状态要好。

　　原因很简单，情绪跟情境是高度绑定的。

　　你躺着不动，一直停留在同样的情境里面，那么情绪是很难转变的，你只能慢慢等着它一点点地消化、代谢。

　　但这种消化往往需要很长时间，最后你会觉得"又浪费了很多时间"，从而再次陷入负面情绪中……将自己困在了泥潭里，无法自拔。

　　很多时候，想，只能产生问题；做，才能得出答案。

　　当我们深陷内耗与负面情绪的死循环中时，行动就是最好的良药。真正聪明的人不做无谓的思辨，不在不值得的人和事上浪费时间。他们会选择立刻换一个环境。

　　你可以离开当下你所处的环境，换一种场景；也可以改变当下的状态，换一件事情去做。变化，会让能量流动，减少不必要的自我消耗。

## 方法五：填补注意力的空白

大多数不良人际关系都有一个共同的特点：侵入性。

当你在工作或做其他事情时，不好的场景有时会突然闯入你的脑海，扰乱你的思绪，打乱你的节奏，影响你的专注力，让你感到筋疲力尽。

究其原因，是我们的大脑让这些糟糕的场景有"缝"可"钻"。当我们的注意力没有完全被占用，当我们开始频频走神、思绪飘忽时，这些负面想法就出现了。

那么，如何拒绝它们的"入侵"呢？一个有效的办法是，让自己忙碌起来，把注意力分散到其他地方。

忙碌可以加固我们的心理防线，抵御人际烦恼的入侵，自然而然也就减弱了它的影响力。但我们要合理的选择忙碌的事情。

我们在被人际烦恼围困的时候，容易产生烦躁情绪，所以做一件更容易凝聚注意力、让人解压和放松的事，会比强迫自己去完成一项难度较高的任务，有更好的收效。

比如，看一部电影，玩一局游戏，花三十分钟整理房间，慢跑十五分钟……要比完成一个 PPT，写一个总结等此类的事情更容易削弱人际烦恼的影响力。

其实，让自己忙碌起来，就是一种注意力的锻炼。当我们能够主动地做好注意力的分配，也就不会被动地陷在人际烦恼中。从而让自己的状态变得清爽，让自己的人生有序运转。

## 3. 如何应对杂乱的社交信息

在人际交往中，我们都会面对大量的社交信息，这些信息多种多样，有价值或无价值的消息、议论、抱怨、评价、请求……

我们的大脑会对信息作出选择、过滤或反馈，对其进行处理。而对这些信息的处理能力，会对人际关系产生重要影响。

有时候我们的大脑太爱思考了，在处理这些信息的时候高速运转，甚至会对信息过度的拆解和思考。

别人发表一个想法，就层层分析其中用意。

别人欲言又止，就开始怀疑彼此的关系。

别人烦恼时，就过度共情。

别人分享见闻，就忍不住参与讨论。

别人提供了一个信息，就觉得自己的机会来了。

…………

这种对信息的混乱的处理方式，很显然不会给我们带来太多益处，更多的时候带来的是无尽的麻烦和烦恼。

怎样才能处理好这些杂乱的社交信息？这并不复杂。

处理信息源头，清理负面信息源是重中之重。

（1）清理总是对自己唱衰的负面信息源。

当你满怀欣喜地与身边的人分享喜悦时，比如你贷款买了一辆车、一套房，总免不了会听到一些不和谐的声音：这车款式丑、性能差；这房不是学区房，物业、地段不好；你薪水又不高，车贷加上房贷压力太大，每天日子过得紧巴巴。如果你读书厉害，就会有人说你是书呆子；你做着月薪几千的稳定工作，又会有人说你收入太少；你找了一个家境相差太大的对象，还会有人说条件不对等，肯定会分手……

很多人说你不好，或许不是你不够好，而是别人见不得你好。与这种人要保持距离，并且距离越远越好。若是无法断绝联系，那么，不为此烦恼，不为此改变，过好自己的生活，让自己的状态越来越好，就是最有利的反击方式。当有人试图贬损你的时候，说明你至少已经在某些方面走在了他们前面。

（2）清理急功近利"贩卖焦虑"的信息源。

有些人总是喜欢宣扬一些"暴富""速成"的成功学信息。"三十岁年入百万""普通人三个月逆袭成老板""草根创业逆袭，身价千万"诸如此类的信息噱头十足，也给许多普通人带来了无尽的成功焦虑。

不可否认，任何时代都有人因为遇到了风口，或天赋异于常人等原因获得了某种意义上的成功。但对普通大众而言，这样的信息很难有正向价值，反而会让人滋生焦虑。

如果身边经常有人传播此类急功近利的信息"贩卖焦虑"，这也是需要清理的对象。

（3）清理无效信息源。

有人关注明星的八卦新闻、别人的私事，甚至超过了关注自身，并且还会忍不住和周围的人分享这些信息。当你日复一日地被人灌输着这些无效的信息，会丧失学习力和思考能力。

## 建立高效的信息处理思维

很多人之所以理不清人际关系，处理不好各种各样的社交信息，是因为在与人交往时，他们习惯性地按照过去的经验做出反馈。习惯性地答应别人的请求，习惯性地与别人一起抱怨，习惯性地听从别人的安排……这是一种思维惯性，跳出这种惯性的方法是改变处理社交信息的思维。对信息先分类，再反馈，形成新的信息处理模式。

正向信息处理方式：甄别、互动、吸收，充分发挥价值。

优质的信息：对能帮助自己打开眼界的知识、观点、见闻等，抱着学习的态度去吸收。

真心的建议：对真心为自己好的建议，认真听取、吸收，并给予反馈。

真诚的分享：对真诚的分享，耐心倾听。

有价值的资源：合理使用有价值的资源，不投机取巧，做价值对等的交换。

合理的诉求：对于他们需要帮助的请求，提供能力范围内的帮助。

负面信息处理方式：过滤、屏蔽，削弱其影响力。

负面评价：如果负面评价是针对别人，不去盲目附和。如果负面评价是针对自己，淡然对待，坚持做你想做且认为有必要做的事。

负面情绪：屏蔽他人的负面情绪，尽可能地关注自身。

消极观点：建立自己的心理屏障，保持自己的态度。

处理社交信息就像整理房间里的物品一样，将不必要的杂物断舍离，将有价值的物品分类整理、使用，服

务自己。即使我们不能完全做到理想状态，但是可以通过
调整，不断趋近理想。这个过程，不仅仅是整理了人际关
系，也是在成为更好的自己。

## 4. 制订自己的高效拒绝话术

在生活中，很多人明知道有时必须拒绝别人，否则自己就会受到困扰。但由于不知该怎么拒绝对方，还是半推半就地答应了，最终让自己心烦不已。

怎样才能有效拒绝？每个人都可以根据自己的情况准备一些固定话术。制订话术，可能考虑以下几个思路。

### 话术一：尽力而为

表达自己会尽力赴约，但结果不可控。

比如朋友约你晚上吃饭，你不想赴约，可以这样对朋友说："不好意思呀，晚上我已经约了别人。我先问问别人能不能改时间，然后再回复你吧。"

这样的说法，既可以让朋友觉得你重视他，又免于直接拒绝的尴尬。

当领导交代你做一件事时，你可以和领导说："好的，领导，之前您交代的工作我正在赶工，忙完马上着手去做。"

领导在布置任务时，很多时候并不会想起你手头是否有其他紧急或重要的事，所以你需要主动请示，这样领导才能做出更合理的安排，你也可以不必承担更多繁重的工作，同时还能表达出你很愿意为这份工作尽力的态度。

## 话术二：不可抗力

设定让对方无法反驳的不可抗力。

比如一个关系一般的朋友，邀请你去参加他的婚礼。你可以这样回答他："我家亲戚刚好也是这个时间结婚，我已经买了回老家的车票了！"

这样的情况下，朋友也不好再说什么，毕竟每个人都有自己的事情要忙，不过婚礼红包是逃不了的了。

再如，朋友约你去逛街，你在不想去的时候，可以说出自己的工作："打工人太难了，周末不让人好好休息，让人赶方案。"用吐槽的方式说出自己不能赴约的不可抗力，就很容易推掉不想参加的社交。

## 话术三：替对方想解决方案

倘若一位朋友要问你借钱，你害怕以后连朋友都没得做，不敢借钱给对方，可以这样回复："不好意思呀，我最近囊中羞涩，爱莫能助呀。要不你问问别人。"

这样说既表达了自己的无能为力，又将对方的注意力转移到另一处，一举两得。

如果有同事说："你做 PPT 太强了，我有个重要的 PPT，想拜托你帮我做一下。"

这种情况下，你可以回复："我手头有着急的事情，最近实在没有精力忙别的。我的 PPT 也就是按模板做的，我可以把我的常用模板分享给你。"如此，把方法和工具授予对方，就能让自己巧妙地脱身。

## 话术四：提出限定条件

倘若你买车以后，有同事想搭你的顺风车，对你说："听说你买了新车，以后上班就带我一程吧！"你可以这样回复："行呀，本来我还担心每天的油费、停车费呢，你也知道现在油价简直高得离谱，真怕我自己扛不住。你来帮我分担一部分简直太好了。"

你得让别人知道，请自己帮忙是需要付出一定成本的，这样一来，对方也会自己掂量，是否要接受帮助。

倘若有朋友找你借一笔数目不小的钱时，你可以适当地暗示利息是多少，多久还。先小人后君子，把丑话说在前面。这样一来，就把压力转移到了对方身上，由对方做取舍。

　　如此，为自己制订一些话术，可以为自己减少很多没必要的社交压力，也可以将更多的时间和精力节省下来，用在自己身上。

## 5. 如何搞定难缠的人

你的生活中有没有这样难缠的人？

他把所有事情都往最坏处想；你说东，他偏说西；你常常担心他下一秒钟会突然爆发；他拒绝任何让步和妥协，不会考虑其他人的感受；当他加入你的会议、聚会、活动时，一下子就会让你感到紧张……

如果和这类人纠缠不清，心情就会被搅得乱七八糟。可我们随时随地都可能遇到这样一个难缠的人，因为他很有可能就是我们的家人、朋友、同事、同学……难缠的人都有一个共同点：以攻击别人的弱点为乐事，得势不饶人，叫人丢尽面子才肯罢休。

我们的本能的尝试改变这个人，但往往收效甚微。因为当你试图改变某人时，可能会激起对方的反抗，事情也会因此变得更糟。

## 更健康、持久、有效的方法是接纳和坚持自己

（1）接纳。

任何时候，解决问题的前提都是直面问题。

你很讨厌某些人或他们的行为，但你必须接受你无法逃避他们这一事实。例如，你的叔叔总喜欢以开玩笑的方式贬损你。你无法改变这种血脉关联，无法回避亲友聚会时的会面，也无法阻止他与你的父亲常常来往。

但是，你仍有可作为的空间，那就是改变自己对他们所做的事情的反应。

激烈反驳、愤怒翻脸可能对于改变他们的行为收效甚微，那不妨试试冷处理。礼貌地打招呼，打过招呼后找借口忙活自己的事情，对于他的种种言行尽可能不做回应。

总之，从你接纳现状开始，你已经身处解决问题的路上。

（2）坚持自己。

其实，与难相处的人相处的最好方法是坚持自己。

这意味着你在被动欺凌和主动攻击之间找到了平衡；这也是通过自我关怀和自我尊重，维护自己，为自己撑腰；这更意味着告诉别人你的感受，设定好与人交往的界限，学会说"不"，直率地要求别人以不冒犯你的方式对待你。

接纳和坚持的策略或许不会让你立马感到愉快，但在对付你生活中那些不稳定、易伤人和难以相处的人，将他们的影响降到最低时，往往是有效的。

可能有人会问：倘若自己已经很努力地做到了这两点，但还是无法摆脱难缠的人该怎么办？

第一步：问一问自己，这个人对我的生活重要吗？

A. 如果不重要，请马上远离。

B. 如果重要，进行第二步。

第二步：继续问自己，三至五年之后，这个人对我还重要吗？

A.如果不重要，请马上远离。

B.如果重要，进行第三步。

第三步：接着问自己，我能改变对方的想法或要求吗？

A.如果能，那就试着去做些什么！

B.如果不能，进行第四步。

第四步：找到你与对方的共同点。

第五步：找到激发对方最好的一面的切入点，绕开观念不合的地方，以这种相对舒适的方式，低频率地交往下去。

## 对付难缠之人的六种思路

对付难缠的人，多数人的选择是回避接触，或者在内心对其讨伐，和朋友吐槽。但这并不能解决任何问题，只能徒增烦恼。所以，这种时候最重要的就是调整思路，改变相处策略。以下是对付难缠之人的六种思路：

☆对其隐藏自己的观点、态度。

☆不要与之争论，也不要试图证明自己是对的。

☆坚定自己的立场，避免掉进对方的逻辑陷阱。

☆停止谈论与之相关的事，从思维深处淡化他的影响力。

☆保持距离，以最温和的方式与对方保持疏离感。

☆不要让对方的行为影响自己的情绪，而是保持平常心。

# 6. 人际 PUA 的反弹术

PUA，全称 "Pick-up Artist"，已经是一个大众都不陌生的概念，原意是 "搭讪艺术家"，逐渐用于表示一方通过精神打压等方式，对另一方进行情感控制的行为。

操纵与被操纵可能发生在任何一种关系中，不仅限于男女关系，在职场上、学校里、家庭中、朋友间……也可能存在不同程度的 PUA。

比如这样的场景：

领导经常对下属说：这么简单的工作都做不好，你连废物都不如，哪家公司敢用你！

妻子对丈夫说：当初你追我的时候，某某也在追我，他的条件比你好多了……

父母对孩子说：你要让着你的弟弟 / 妹妹；从小就这么自私；比你优秀的人都没听过他们喊累，真是越蠢的人越喊累！二十五岁了还没结婚，到时候没人要了……

好朋友对你说：你点的什么外卖啊，难吃死了；你真是太蠢了；你怎么这么傻……

这些沟通场景中，往往带有否定、贬低、打压、洗脑的倾向。

很多时候，这样的操纵很难被察觉。它们潜伏在日常生活的细节中，一点点地打击你的自尊，降低你的幸福感，给你的心理健康带来巨大的伤害。

没有人愿意被掌控。如果在与人相处时遭遇 PUA，该如何辨别、反击？

首先，要对 PUA 保持一定的警惕，尤其是警惕"以爱之名"的 PUA。真正的爱与关心，是从你的角度和利益出发的，去尊重和保护你。PUA 的动机则是施暴者为了让自己获得满足感，或是获得利益。

其次，客观地分析利弊。用逻辑拆解、分析问题，而不是从情感角度去看待问题。

如何彻底终结"以爱之名"的操控游戏，摆脱一再退让的恶性循环？

一般来说，能做到以下四点的人，很难被任何人PUA。

☆如果他人的索取行为让你不舒服，及时拒绝比到忍无可忍时才与之绝交的损失小得多，主动索取的人本质上是贪婪的，很容易得寸进尺，因此长痛不如短痛。

☆不要幻想天上掉馅儿饼的事情。如果有人主动给你提供什么，先思考其动机。在利益上主动让你占便宜的人，一般会在舆论上找到道德绑架你的机会。

☆掌握交友的主动权。在和人打交道的过程中，拒绝被索取且时刻保持防人之心，尽管这会对你的风评不利，但也可以使你免于被"套路"。

相对温和的做法是有选择性地付出，秉持"我可以给，你不能要"的原则。主动对你索取的人，很善于利用

"登门槛效应"。有需求却不擅长表达的人脸皮薄，通常不会得寸进尺。在拒绝前者的同时帮助后者，既避免了对方蹬鼻子上脸，又可以合理地付出自己的善意。

☆在交心之前适当试探对方以自保。与人交往之初，可以尝试主动分享自己可以分享的私事，作为交谈的话题，然后观察对方的反应。相处舒服，愿意付出的人值得交心，可继续与之交往。欺软怕硬，总是在找机会索取，拿你的弱点打压你的人，要及时远离。同时，观察一个人在与其他人的社交中的反应，同样也可以看出对方的人品，得出其是否值得交往。

第六章

# 心灵世界的 "精装修"

**如何在断舍离中优化人际关系**

# 1. 保持人际关系的"整洁"

　　有时候混乱而疲惫的人际关系，就像是一间物品过多又乱糟糟的房子。在这样的一间房子里，没有人会感觉舒服。不过，想要获得舒适的状态也很简单，就是扔掉不需要的东西，并整理房间。可收拾好的房间，几天的时间就又乱了，恢复了原样。

　　可见，除了整理房间，保持整洁很重要，它决定着我们是否能获得持久的舒适度，人际关系也是如此。

　　怎样保持人际关系的"整洁"？

## 远离负能量

生活中总有一些充满负能量的人，他们对人没礼貌，生活一团糟，大事小事拎不清。

遇到这样的人时，要与之划清界限，否则很容易被负能量笼罩。

你是否有一个有事没事就找你吐槽的朋友？比如和自己的男朋友相处不愉快，工作上遇到不顺之事，老板很讨厌，同事很奇葩，邻居很可恶……最开始你可能还会耐心劝导，但时间久了也一定会感到厌烦。

细心观察你会发现，爱吐槽的人幸福感很低，他们的情绪很不稳定，无法容忍别人的一点儿过错，遇到一点儿不如意就怨天尤人。但人往往越是这样的状态，越容易遇到糟心事。

情绪是会传染的，在负能量的影响下，你很容易成为一个不快乐的人。

遇到这样的人，一定要保持警惕。我们可以适当为朋友分忧解难，但无法成为别人的救世主，及时远离负能量，才能拥有令人舒适的社交关系。

## 优先满足自己的需求

想要获得自由的人际关系，就得学会优先满足自己的需求。

简单来说，就是先成为真正的自己，才能吸引和你同频共振、真正契合的人。

很多人为了交朋友，去看自己不喜欢的电影，选择自己不喜欢的菜，接受别人推荐但并不适合自己的东西……在交际的细枝末节里，放弃了自己的需求，放弃了自我。这样的社交关系发展下去，只会让自己感到压抑和痛苦。

真正的朋友不会因为你的拒绝而远离你，因为他们懂得你、尊重你，而且永远不会强迫你。

因此，尊重自己的需求，是建立高质量社交关系的关键。

尊重自己的需求，要从两个方面着手。

明确自己需要什么，喜欢什么；明确自己不想要什么。

表达自己真正的需求，拒绝所厌恶的、讨厌的，才是真正的尊重自我。

## 拥有一个人也能活得很好的心态

吃一颗饱满多汁的桃子，要远比吃一筐坏掉的桃子更能给人带来幸福感。

任何事物的品质，都不是数量可以定义的。

所以，朋友的数量并不能代表什么，更不能作为衡量一个人幸福或成功与否的标准。

社交只是提高生活质量的一个途径。如果一个人性格内向，有自己所爱的事物，并享受独处的状态，也就不必为了社交而改变自己。

　　社交生活的丰富与否，并不能决定人生的质量，社交是为人生幸福而服务的。既然如此，如果和自己的内心打交道，可以让你享受时光，感受到生命的乐趣与充盈，那又有何不可呢？

## 2. 尊重不是件小事

我们常常会遇到一些令自己不舒服的事：和陌生人交谈的时候，对方靠自己太近；不太熟的人催你结婚生娃；同事连招呼都不打一声，就拿走了你的零食；等等。这些让人不舒服的情境，隐藏着的是一个尊重的问题。

相反，如果你在与某人交往时，感到很舒服，那么，你也必定是在这段关系中得到了充分的尊重。

尊重是件大事，却往往体现在小事里。

## 保持舒服距离也是一种尊重

与人交往，保持距离就是尊重。

古人云："远而不疏，近而不狎。"人际交往需要保持距离，但不能太疏远；需要保持亲近，却又忌讳过于狎昵。

这究竟是一种怎样的距离？其实并没有标准，与他人的距离如何把控，要根据场合以及你自己的需求而定。

前提是要明确你需要与对方建立一种怎样的关系，以及对方想和你建立一种怎样的关系。

把你的需求和对方的需求两相结合，就能找到合适的距离。

当然这也是最令人头疼的，毕竟每个人的距离感都不一样。把握距离感，就像踩跷跷板。有可能一端是亲密的，另一端是疏远的，你就得小心翼翼地保持一种平衡。

有一个很好用的方法，就是与人交往时明确双方的界限。在双方介意之处取其中的最大值，在彼此都有兴趣的事情上，找到深入的接触点。

例如，对方从不提及家庭中事，即便偶尔聊到了，也是一带而过，不会多说什么。和这类人交往时，你可以不提或者少提，更不要过问对方的家事；如果你们都很喜欢健身，那可以在这个话题上深入交流。这样也就在紧密交往的基础上，又保持了舒服距离。

在与不同人交际时，在交际的方方面面，都可以找到这些介意点和接触点，慢慢地构建一种建立在尊重之上的社交关系。

## 不强迫别人，也是一种尊重

来自陌生的人强迫很容易反抗，可一旦这个强迫者与被强迫者关系匪浅，又是以一种"为你好"的名义强迫对方做出选择时，这种行为似乎变成了理所当然，不可拒绝。被强迫者会陷入一种被迫的痛苦中，想要反抗也是阻力重重。

强迫别人做出选择或者接受馈赠的行为，是从根本上否定了对方独立的人格，把对方视为弱小者，作为自己的附庸。

我们不能做那个被强迫的人，同时也要注意自己不要成为强迫别人的人。

例如，在不那么亲密的关系中，不随意窥探别人的隐私；行动前不自作主张，要去征求他人的意见；对于亲近的人，警惕以"爱"和"关心"的名义进行占有、控制和干涉，尊重对方的意愿和个人空间。

你可以自由地对人施以善意，但不能强迫别人接受善意，更不要在对方拒绝你的善意时，把拒绝当成把柄，站在道德制高点上指责对方。


## 尊重差异

很多人在与人交际时有这样一种不易察觉的心理模式，他们认为与自己有越多相同或相似之处的人，是可信的，正确的。这显然没有道理可言，但很多人却在不自觉中遵循这种心理模式。他们像纠正错误一样，去扭转别人和自己的偏差。这样的心理模式无疑会让交际变成一种束缚。朋友间的相似之处，是继续深入交往的共舞之地，而彼此的差异，是需要被尊重的私人领地，是不可被涂抹的个性特征。

☆文化差异。由于地域差异、文化背景的不同，我们在与人交往的过程中，要注意尊重不同的风俗习惯。

☆性格差异。性格开朗的人常常能侃侃而谈，允许别人靠近自己，他们也愿意主动接纳别人。而性格内向之人，可能心思比较敏感，与这类人相处时，要把握好自己与对方的距离，尊重对方的界限感。

☆审美差异。美无绝对的界定，就像在不同的角度看一座山，每个人眼中的美景也各有不同。即便在一些审美差异上不理解，也要保持尊重。

☆认知差异。受成长环境、知识、阅历、经历的影响，每个人对同一件事情的认知程度或深或浅，或角度不同。

在真诚地表达自我的基础上,尊重认知差异是更加明智的选择。

在人际交往中,尊重很多时候会体现在小事上,但它本身并不是件小事。不被尊重的关系,早晚都会破裂。用心经营好每一件小事,给自己营造一个充满尊重的、宽松的人际环境,这是对自己最大的尊重。

## 3. 让你拎得清的交友准则

你有没有过交友不善，把生活搞得一团糟的经历？

我遇到过一些人，和他们交谈时，会觉得他们明白事理，思路清晰，见解通透。可是他们却都有着被糟糕的朋友拖下水的经历，甚至至今为止都不觉得朋友有什么问题，有时候还会检讨自己。

在别人出现问题的时候，我们善于出谋划策，但到了自己身上，甚至很难发现问题。这似乎成了一个常见的情况。人与人之间的情分，很容易让人陷入非理性。

如何判定一个人是否值得深交？除了彼此的契合，更要拎得清一些准则。

## 底线

底线是选择朋友的第一准则，是一个人最基本的素养。损人不利己，对人恶毒，甚至触碰法律底线的朋友不可交。

环境对一个人有着不可小觑的影响力，人际环境也是如此。有很多人当初纯善，却因为交友不慎，最后自己被卷进旋涡。

有的孩子曾经认真好学，后来被朋友带得贪玩逃课，成绩越来越差；有的职场人最初在职场上踏实肯干，后来被朋友带得浑水摸鱼，应付工作；有的年轻人当初积极向上，踏实奋斗，后来被朋友带得不学无术，践踏道德，触碰法律……

当悲剧酿成的时候，悔恨也变得轻飘无力。

当初你只是选择和一个不靠谱的朋友交往，没想到你赔上的可能是一段好年华，甚至是一整个人生。所以，与任何人交际，都要守住自己的底线，所有可能将你拖下水的负能量属性的人，都需要远离。

## 责任心

与有责任心的人相交是什么感受？

踏实、舒服。

这是我向很多人提出问题时得到的高度相似答案。当然，还有一些他们和有责任心的朋友交往的细节。

"我假期把猫咪托付给她很放心，她会帮我照顾得很好。"

"他做事很稳妥，出了事儿也不会躲。"

"她答应的事都会做到，特别靠谱。就算做不到，也会提前告诉我的。"

"上次出了问题，他第一个站出来承认错误。"

一个人的责任心可以体现在大大小小的事情上，尤其体现在出现问题和困难时。而那些遇事有责任心、有担当的朋友，能给予我们一份强大的安全感。

相反，如果一个人没有责任心，总会带来各种各样的麻烦，又特别善于给自己找借口。和这样的人交往起来，也会被带入到各种糟糕的状况里。

## 思维

一个人的价值观，以及很多人生选择，都会受到周围人的影响。

长期处在一个消极的人际环境里，身边都是只求眼前利益，或者爱搬弄是非，想法消极的人，那么一些负能量的东西也会悄无声息地沉积在你的脑海里，无法拔除。

而长期沉浸在正向的人际环境里，结交具有正向思维的人，人生诸事会呈现另一种晴朗状态。

任何圈层里都有正向思维的人，这样的人是更值得深度交往的。

正向思维就是一种积极思考、想办法去解决问题的思维。

遇事首先思考解决问题的方法，而不是声讨和抱怨，事后，认真复盘，总结经验。他们也会为这些不顺的状况而烦恼，但也能很快地从烦恼中抽离。

和这样的人交往，你会容易打开认知和格局，从困境里解脱。你会看到人生的希望，而不会轻易地陷入消沉。

你可以选择与任何一种性格的人结交。但在选择之前，我们都要坚守准则，清醒地打造自己充满阳光的，适合自己发展的人际环境。

## 4. 接受变化，不断优化

苏轼曾在《前赤壁赋》里说过这样一句话："盖将自其变者而观之，则天地曾不能以一瞬。"这句话的意思是，从事物易变的角度来看，天地间没有哪一瞬间是不发生变化的。天地万物，时刻变化，人际关系亦如此。

所以，我们要勇敢地接受变化，并且学会不断地优化我们的人际交往圈。

以下是优化社交关系的小技巧。

（1）舍掉假装的契合。

为了融入某个团队或某个圈子而完全放弃自己，假装与之契合，这无异于自铸囚笼。

（2）舍掉无效人脉。

刚步入社会时，很多人都在有意识地扩充自己的人脉，以为这样未来才有更多机会。所以，我们马不停蹄地参加各种聚会，发名片、加微信，结交好友。但在自己没有足够的交换价值的时候，其中很多都属于无效人脉。

（3）舍掉不好意思。

很多时候，在人群中谈话，心里想了许多，可话到嘴边又咽了下去。因为担心话说出来，可能会让对方尴尬，产生不好的影响。其实你可以大胆一点儿，想了解什么、想知道什么都可以尝试开口说说，或许在你说出口的那一刻，你会发现坦率并没有那么难。

你坦坦荡荡，对方可能还会更欣赏你一些，毕竟谁也不喜欢扭扭捏捏之人，欲言又止，容易破坏感情。

（4）舍掉面面俱到。

待人永远也不可能做到面面俱到。在社交活动中，人总是亲疏有别的。所以，当你为待一个人不如待另一个人周到而烦恼时，请及时抛掉这些想法。如果做到平等待人，对什么人都用差不多的礼仪，那将会耗费你太多的时间和精力。

（5）舍掉对社交软件的依赖。

你了解自己对手机的依赖程度吗？你每天花费多少时间在社交软件上？

在工作或学习中，我们总喜欢时不时地看看自己的社交软件，生怕错过什么消息，又或是打发时间。其实，社交软件上的信息并没有我们想象的那般重要。在当下，很多人都觉得自己忙碌，时间紧迫，殊不知我们每天不知不觉地在社交软件上浪费了多少时间和精力。有意识地降低对社交软件的依赖，也是进行人际断舍离的高效选择。

（6）舍掉强烈的好胜心。

在与人交际时，难免会有比较的心理。有进取心是好事，但如果时时刻刻都想超越别人，则会让你变得疲惫不堪。比如看到朋友有豪车豪宅，你就想要买比对方更好的；看到对方穿漂亮的衣服鞋子，你也马上买比对方更好的。

与其与别人比较，不如多想想自己有哪些可进步的空间，哪些地方做得不足，花时间和精力去提升自己。选择一个适合自己的节奏去生活，才能真正掌控自己的人生。

我们在自己的人生里，既没有落后，也没有领先，在属于自己的时区里，不要和别人攀比。毕竟有的人一出生就在罗马，有的人走了一辈子也到不了罗马。这并不会妨碍我们好好度过一生。每个认真努力的灵魂，都值得被尊重。

（7）舍掉"抱歉"这块挡箭牌。

开会迟到、放了朋友鸽子、统计数据有误……生活中很多小事，似乎只要诚恳地说声"对不起"就会获得原谅。但"抱歉"并不是社交的挡箭牌。"抱歉"如果用得太多，会给人一种粗心大意、举止轻率的印象，容易失去别人的信赖。

（8）舍掉虚假的客套。

有人把虚假的客套当作成年人的社交礼仪。但事实上，虚假的客套只会让人心生反感。保持礼貌，坦荡大方地与人交往，彼此都会轻松。

# 5. 人际也有杠杆

阿基米德有一句至理名言："给我一个支点，我就能撬动地球。"说的就是杠杆原理，而由此引申的杠杆思维也见诸各个领域。核心点就是以小的力量，通过杠杆，撬动更大的资源。

在金融领域中，杠杆的作用是借助外部资金来放大自己的投资效果。就拿贷款买房来说，如果你手中有一百万元，又向银行贷款二百万元，买了一套三百万元的房子。你就是用二百万元的杠杆，撬动了三百万元的资产。

市场行情好的时候，你再将房子卖出，扣除各种税费后拿到五百万元，再还上银行的二百万元本金和利息，实际到手约有二百多万元。相当于你用一百万元的成本，加上二百万元的杠杆，最后获利一百多万元。这便是杠杆的作用。

杠杆思维在人际关系中同样有效。我们每个人的能量，都可以通过人际交往找到一个合适的杠杆，放大价值。

## 投资人际关系，为自己找到借力的支点

杠杆思维其实就是一种借力思维，找到那个可以借力的支点很重要。而每一位优秀的朋友，都可以成为一个支点。

结交积极向上的朋友，在朋友的感染、带动下，自己也变得更好。

结交心态阳光的朋友，在他们的带动下，我们可以拥有更好的心态。

结交在某方面特别优秀的朋友，在他们的带动下，

我们也可以提升某项技能，成为优秀的人。

结交思维灵活的朋友，在他们的带动下，我们可以切换不同的角度去看问题，并应用到自己的生活中、工作中。

归根结底，结交优秀的朋友，可以帮助自己成为一个闪光的人，让自己的价值最大化。

## 互相帮扶，互为杠杆

有些人认为，利用人际杠杆去实现自己的目标就是要去"巴结"别人，是一种不友好且目的性极强的社交互动。其实我们要意识到一点，让人际杠杆发挥作用的前提是互相帮助，先要成为知心朋友，然后才能撬动杠杆。通过支点借力，并不是投机取巧地利用别人。牺牲别人的利益成全自己，是最糟糕的做法。

有效的方法是，在通过朋友借力的同时，也通过自己的优势为对方放大价值。比如，某位朋友为你提供了一个难得的机会，你也可以在朋友为某件事为难的时候为对方提供解决方法。

另一个方法是，通过朋友借力放大自己的价值的同时，为对方带来价值。比如，某位朋友教了你一项技能，那么你可以在获得好机会好项目的时候，将资源分享给朋友。

互为杠杆，彼此增益，自然而然会形成优质的人际关系。

# 6. 亲缘关系断舍离

你愿意走亲戚吗？

当我向一些人发问时，得到的答案多是否定的（一些长期陪伴，或者联系密切的个别亲戚除外）。否定之后，人们往往会再讲述一些让人苦不堪言的与亲戚之间的故事。

尤其是年轻人，对于亲戚之间的交往更是感到烦恼甚至抓狂。

考试成绩怎样？找对象了吗？什么时候结婚？什么时候生孩子？准备要二胎吗？做什么工作？月薪多少？买车了吗？什么时候买房？月供多少？……

　　这是与亲戚见面时常听到的问题，而在你回答每一个问题后，还会得到一串语重心长的"贴心嘱咐"。

　　除了催问孩子和年轻人，谁家因为一些小事吵个不停，谁家换了豪车，谁家买了新房，谁家串门的礼薄，谁家孩子特别不争气，谁家兄弟争家产背后算计……也是亲戚们常聊的话题。

　　虽然并不是所有的亲戚都是如此，但对大多数普通家庭来说，情况大同小异。特别是在过年期间，亲戚带给我们的焦虑比平时更甚。每一年过年期间，都有不少人吐槽亲戚，内容翻来覆去，各家情况各有不同，却很容易引起共鸣。

　　与其他人际关系不同的是，亲戚关系是建立在血缘基础上的。亲戚的素质有高有低，价值观可能各不相同。那么如何才能不再为亲戚关系所困扰，如何对亲戚关系进行断舍离？

# 让情分决定相处距离

亲戚关系虽然是以血脉连接在一起的，但与亲戚的相处距离应该依据情分来划分。

感情好、相处融洽的亲戚可以常走动，像朋友一样相处。也有一种常见的情况，是年幼时曾受到亲戚中某些长辈的帮助和照顾，但随着年龄的增长，曾经是孩子的你已经长大成人，与亲戚的很多观念都不相同。

对这样的亲戚，需要心怀感恩地尊重和孝顺，见面时长辈少不了唠叨和嘱咐，应该耐心地应承，节假日也应关心问候，以表记挂。

而常年无走动又三观不合的亲戚，可以尽量减少交集，如果在聚会上相见也尽可能地减少交流。

## 保持界限感

亲戚之间的很多矛盾往往是因为越界，以亲戚关系为立场，打着"为你好"的名义，过度干涉别人的生活。

低调行事，减少个人信息分享。向亲戚分享的信息越多，就越容易被干涉、被冒犯。如果被拉入"幸福一家人"的家族群，又很难退群，那么在群聊里，如无必要，可以一直保持"潜水"状态。在聚会见面时，多听少说，微笑应承，尽量不分享自己的情况。

## 亲戚关系不是责任关系

有求于亲戚时，对方不帮忙也是理所应当。同样地，如果你因为某件事而拒绝亲戚，也无须怀有歉疚情绪。

亲戚关系只是一种亲缘关系，不是责任关系。帮忙是情分，不帮忙是本分。

亲戚对自己伸出援手时，要记得偿还情分，如果无力偿还，记得心怀感恩。亲戚关系不是索取的资本。贪婪索取的人，会被渐渐疏远。

亲戚是亲人，也是他人。为亲人提供帮助力所能及即可，无须过度透支自己，大包大揽。

亲戚之间救急不救穷，亲戚遇到难处可以帮忙出力应急，但如果对方不上进，只想走捷径、占便宜，请果断停止帮助。你的帮助很有可能喂养对方的贪婪。

第七章

# 攻城易，守城难

## 如何防止人际关系恶性反弹

# 1. 警惕"亲密"的人际入侵

　　和关系一般的人交际时，我们很容易保持原则和距离，相处起来也相对容易。一旦产生不舒适的感受，也能够及时地调整。但在亲密的人际关系中，却常常因为距离太近，而对对方干涉过多，或者被干涉。有些人自然而然地抹除了一些原则和底线，把这当作一种关系亲密的象征，但这显然是一种侵犯。

　　所以，"亲密"的人虽然会带给我们更多的支持和幸福感，但也最需要警惕这种关系带来的入侵。

## "亲密"并不意味着没有边界

有这样一种常见的情形，关系要好的两个人因为某件事情产生了矛盾。其中被冒犯的一方可能很恼火，而冒犯者可能会觉得对方太小气，大家关系这么好，竟然会为了这点儿小事生气。甚至劝和者也有可能会持相同的观点，这么多年的友好关系，不至于为了这么点儿小事生气。

还有一些常见的状况，比如父母看了孩子的日记，认为理所当然，只是在尽父母的职责。闺密其中一方未经允许使用了对方的东西，对方不高兴就是小气，没把自己当朋友……诸如此类的事情，在生活里层出不穷。

为什么会有这种情况出现？关系亲密就意味着没有界限吗？对方做了让自己不舒服的事情，就不应该介意吗？

当然不是。只是很多人并没有认识到这一点，所以才有了很多难以消除的人际苦恼。

亲密关系指的是情感上的亲密，精神上的共鸣。维系亲密关系需要的是关心、陪伴和帮助，但一定不是模糊自己的边界。舒服的亲密关系，建立在尊重彼此的基础之上。所以，当有人打着亲密关系的旗号，入侵你的私人领域时，一定要保持警惕。

不管别人如何，你在与关系亲密的人相处时，需要明确自己的心理边界。简单来说，对方哪些做法让你感到不舒服，说明这些做法已经触碰到了你的边界。

和亲密之人明确边界似乎很难直接开口，但是，单纯地忍受、抱怨和苦恼却并不是一个明智的做法，因为那永远不能解决问题。不妨换一种类似调侃，或者开玩笑的方式，把对方请出自己的心理边界之外。如果几次下来仍然行不通，那就正式地、真诚地谈一谈。

## 亲密之人的意见不一定适合你

在生活中，我们遇到难以抉择的事，会向亲朋好友寻求意见，因为彼此之间的亲近会形成一种较高的信任关系。我们在潜意识里会形成"他了解我，我相信他"的心理模式。

亲密会带来信任，但主观的信任并不等同于客观上的正确、可靠。

在你考虑辞职的时候，亲密之人可能会劝你"想开点儿，别闹小孩子脾气，要和领导搞好关系。"但对你而言，你已经长期遭受职场打压，情绪紧绷，痛苦不堪。

在你告诉亲密之人自己打算拒绝某个聚会邀约时，他可能会说："这是你建立人脉的好机会，错过就太可惜了。"

每个人都是独一无二的个体，每个人的情况都各有不同。所以，即便是亲密之人所给的建议，也要结合自身情况去做决定。

## 亲密的人更容易影响你的判断

越是关系亲密的人，越有情绪相通点，以及思维的相似性。这种情绪和思维的相通和相似让彼此关系紧密，但也容易影响你的判断。

在和男友闹分手时，你和闺密一起痛骂"渣男"。

在和某位朋友产生纠纷的时候，你和另外一位共同好友吐槽对方不义。

在和同事产生矛盾时，你和某位好友一起商量怎么跟对方硬碰硬。

于是，在"亲密"之人的参与之下，你做出了某些判断和选择。但事实上，当你处于情绪高涨的状态时，很容易受情绪影响而做出不够理智的判断。当你向关系亲密的好友寻求意见时，你认为自己通过好友的分析增加了正确性、客观性。但有时候，你和亲密好友有着相似的处世思维和情绪反应，双重情绪叠加，反而会影响你的判断。

在听取意见时，我们最需要的是第三种视角。这也是为什么我们在多年以后，可能会对当初某个选择产生悔意。因为，我们在成长和沉淀过后，跳出了当时的情绪和过去的思维，有了第三种视角。

亲密关系让我们在成长的路上有了陪伴，有了助力，但生活的核心、成长的动力都是自己。

## 2. "你变了" 并不是 "你有罪"

当我们下定决心改变过去的交际模式，与一些人保持距离时，常常会听到一些抱怨、谴责：你变了，你以前不是这样的，你现在怎么这个样子……

在这样的 "声讨" 中，对方站在道德的制高点，将你的变化定性为一种背叛。在这样的情况下，有些人会心生愧疚地 "认罪"，与之恢复关系，有些人因为压力倍感焦灼，对自己为改变人际关系所做的努力产生怀疑，人际关系越理越乱。

其实，当你认同了这样的想法时，就已经掉进了一种心理陷阱。要知道，"你变了" 并不是 "你有罪"，对方更没有指责你的立场和权利。

## 一段舒服的关系需要双向奔赴

在一段高质量的人际关系中，绝不会只有一个人的付出，而是有双方的努力。当一方选择舍弃某段关系时，一定是经过权衡的，一定是在相处过程中感到了不舒服，或者无法获得任何现实价值、情感价值或是情绪价值。

经营一段关系，需要双向奔赴的同时，也意味着每个人都有随时退出的权利。因此，当你舍弃或者远离一段关系时，要知道，这不是你的错，这是你的选择，这是你的自由。在自己选择离开时，不苛责自己；在别人选择离开时，不指责别人。

## 改变是件有意义的事

变化是人生常态，生命中唯一不变的就是改变。

变化是成长的必经之路，古人曾说："易穷则变，变则通，通则久。"

在人际交往中，合理地分配自己的社交时间，调整自己的交际范围，是为了打造更好的人际环境。

远离长期输送负能量的朋友，可以维护自己的情绪空间。

远离胡吃海塞的酒局，可以节省出更多的时间提升自我，陪伴家人。

远离爱谈论是非的朋友，可以为自己节省出更多精力，并保持独立思考……

所以，当你为在人际关系中所做的改变而愧疚时，不妨将自己的精力聚焦到改变的结果上。

在人际交往中，改变没有"罪"，只是为了成为更好的自己。那些明知道一段关系已对自己产生困扰，却仍未做出任何改变的人，才是真正愧对自己的"罪人"。

人是感性动物，很容易受到环境的影响。在人际交往中，你已经决定进行断舍离，就不要害怕别人的评价，你

变化与否，与他人无关，要知道变化无罪。你要坚信自己
的选择，相信自己的判断，将目光聚焦于自己的人生，才
能在人际关系中获得自主权。

## 3. 别害怕面对人性的恶

不可否认，当下有越来越多的精致的利己主义者。不管你的动机如何，事情做得好与坏，只要触碰到他们的利益，就会引起对方的怨恨。有时候，如果你很优秀，即便你没有损害他人的利益，也会惹人嫉妒。

人性是复杂的，"恶"是人性的一部分。

因为一些利益纠纷，你成了别人口中的恶人。

因为你收入变高，有人便非议你收入的来源。

因为你状态越来越好，有人就偷偷在背后造谣。

如果你坦坦荡荡，却正在或曾经被别人置于旋涡之中，你也无须怀疑自己、怀疑人生。

我们无法回避人性的恶意，但并不影响我们坚定地、努力地做自己。

## 人性的恶不过如此

尼采曾说过："那些杀不死你的，终将使你更强大！"

我曾听过一个毕业很多年的学生跟我分享，他没有选择跟好友合作某个项目，好友便心生恨意，在背后给他制造了不少麻烦，让他在行业内陷入危机。

那段时间他很颓丧。后来他终于想通，痛骂朋友一万遍，也不敌自己向前走一步更有价值。于是，他咬紧牙关，梳理问题，一步步地走出了低谷期。在这个过程中，他结交了能同甘共苦的朋友，业务能力得以提升，优质项目也越来越多。

我也曾听到过，有人为了多赚些钱，兼职做副业，和朋友少了联系，便被好友搬弄是非，说他赚的钱来路不明。有人没有持续为亲戚提供帮助，就被亲戚恶语相向，明嘲暗讽他没有人情味儿。

生活就是这样，我们无法看穿他人的内心，无法避免遭遇他人的恶意。可人性再恶，也抵不过一个强大的自己。

## 没有人可以避免得罪人

这世界上，没有人能避免得罪他人。

无论你是什么样的性格，与人相处时，你可能什么都没有做，却受到各种各样的诋毁。

有些人会深扒你过去的秘密，让你颜面扫地；有些人会搬弄是非，联合别人孤立你；有些人会故意说三道四，把你渲染成一个糟透的人；等等。

甚至，生活中还有更多戏剧化的故事远超我们的想象。比如，有人与人为善，帮助弱者，最后收到的却是受助者的恶意。

而面对这些恶意，我们最优的选择，不是改变自己去讨好别人，也不是与人纠缠和撕扯，那只会让我们陷入无尽的烦恼，失去更多珍贵的东西。

　　无疑，断舍离是能够让我们的人际关系轻装简行的最好方式。

## 4. 存在感的错误"刷"法

我们常会见到或者听到很多人以各种各样的方式在"刷"存在感。为什么存在感如此令人着迷？

心理学家马斯洛提出的需求层次理论提到，人类需求可以像阶梯一样从低到高按层次分为五种，分别是生理需求、安全需求、社交需求、尊重需求和自我实现需求。

从社交需求开始，就体现了人们对于情感和归属的需要，这是一种希望和他人发展关系，得到他人照顾和关注的心理需求，这恰恰是存在感发生的前提。

存在主义心理学家罗洛梅认为，存在感是个人心理健康的重要标志。存在感的缺失会使人产生无意义感，并且会带来价值感的缺失。所以，想要被关注是人类正常的心理需求，"刷"存在感是为了满足心理正常需求的活动。每个人都有一定被关注的诉求，但一些人过度地"刷"存在感就会惹人讨厌。

## 过度表达，狂"刷"存在感

有的人十分健谈，说起话来滔滔不绝。但如果总是不看场合、不分对象、不计时间地"刷"存在感，便是一种不当行为。

你是否遇到过这样的人，聚会时，某个人总能聊得天花乱坠，活跃氛围本应是好事，可每次他的声音都很大，仿佛要把整个餐厅的目光吸引过来一般。

本来开开心心的一场聚会，高分贝的声音却搞得大家兴趣全无，众人纷纷加快进食的速度，吃饱就各自找借口撤了。下次聚会，如果听到有这样的人参加就会敬而远之，找借口拒绝。

　　所以，在"刷"存在感时，要注意分寸，不可过度，否则就会适得其反。

## 通过圈子"刷"价值

　　物以类聚，人以群分。人与人之间的交往，常常因为身世背景、生活习惯、职业等不同，形成不同的社交圈子。而不同的社交圈子本身，也在某种程度上反射着圈内人的价值。也正因如此，有些人会选择通过融入圈子"刷"价值。

　　一位宝妈曾经和我分享过她的一段经历。她因为偶然的机缘参加了一个圈子的聚会，这个圈子里的人过着精致的生活，经常穿着精美的服饰品茶、读书、插花，这位宝妈非常羡慕。为了融入圈子，她做了很多努力，却常常被内涵、被嫌弃，甚至被吐槽。

　　一段时间后，她开始自我反省，才发现那个圈子并不适合自己，自己也从未融入进去。而相比于看似精致的优雅生活，她更喜欢自己研究美食，然后分享给家人和朋友。做自己喜欢做的事，才是真正的优雅。

所以，有的圈子看似美好，或者你无限向往，但不一定适合你，你强行融入时，在别人眼中就是一个异类。与其通过不属于自己的圈子"刷"价值，浪费更多的时间，不如真实地做自己，雕琢自己，提升自己的魅力，自然会吸引与你投契的人。

## 伪造人设标签"刷"存在感

优质的人设标签，在社交里会有更高的影响力。所以，很多人为了用优质人设标签"刷"存在感，不惜伪造自己的人设标签。

读大学时，想必你一定听说过或遇见过假装努力的人。周末早上，他们早早起床，吃过早点，来到图书馆占座。刚刚入座，他们便拿出手机，拍照片"打卡"。照片拍完之后，用软件P图，然后再发朋友圈，配文道："十年之后，你会感谢现在努力的自己！"

在朋友圈"刷"完存在感后，他们满意一笑，时不时地看看有没有人回复，然后心不在焉地看看书，看了不到十分钟，便上下眼皮打架，趴在桌子上睡了一觉。

待大梦初醒，擦拭嘴角的口水，打开手机一看，已是饭点。他们心想："算了，先去吃饭，下午再来看书吧。"

"很努力"的人设标签，只是给别人看的，对学业本身毫无意义，只是自欺欺人的荒废青春。

还有现在网上流传的各种"名媛"照片，她们为自己打造"白富美"的人设标签，去豪宅、高档餐厅轮流"打卡"，参加各种高端酒会，然后拍下精致的照片发布到网络上。可在现实中，她们也许只是一个生活在底层的模特，花钱轮流拍照"打卡"，不过是为了满足自己的虚荣心，并寄人生的希望于能够钓到一个"金龟婿"。

这种"刷"存在感的方式已是一种畸形的社交模式。很多人在打造人设的过程中，已经远离了真实的自己。

## 通过攻击别人"刷"存在感

站在道德制高点上指责或者攻击别人"刷"存在感的人并不少见，在这类人的心理逻辑里，这种方式能抬高自己，彰显自己的正确性。除了在现实中指手画脚，这类人更擅长躲在网络背后"指点江山"。

如今网络发达，通信方便，在社交媒体平台上，我们总能看到"键盘侠"极其偏激的言论。

因为很多人认为，在网络上肆意发声、诋毁他人，并不需要付出代价，所以才会在网络上肆无忌惮地攻击别人。

他们躲在电脑屏幕后面，在不了解事实的情况下，通过对他人进行言语攻击"刷"存在感。已有太多人因为遭受网络暴力，被逼无奈，而最终自杀身亡。这种行为俨然已成为一种社会毒瘤。"键盘侠"无根据地肆意发表言论，也是一种存在感的错误"刷"法。

"刷"存在感不能走极端，否则到最后，"刷"掉了自尊，也"刷"掉了自我。

## 5. 当你被人讨厌时，记得给自己鼓掌

当你被人讨厌时，你的第一反应是什么？

有很多人会认为是自己哪里做得不好，或者哪里出了问题，就像是一种思维惯性。

对方态度不好，就反思自己是不是哪句话冒犯了别人；朋友不开心，就怀疑自己是不是哪件事做错了；领导皱眉头，就怀疑自己是不是能力很差；等等。

生活中这样的细节太多了，这样的人也太多了。他们敏感、纤细的思维总是在进行反刍。他们对被人讨厌这件事，有强烈的应激反应。自省，然后自责。

自我检视，从一定程度上来讲，是一个好的习惯。

但不断向内挖掘，持续地自我批评，久而久之就造成了自卑。理性的思考是多维的，能够站在不同的角度看问题，多个层次看世界，多个视角看自己。

尤其是在人际关系中，要知道，别人讨厌你，只是别人的情绪反应，并不等同于你真的令人讨厌。

## 你为什么会被人讨厌

我们需要知道的是，在你没有错误或者失误的前提下，也同样会被讨厌。所以，在人际交往中，很多时候被人讨厌，其实与你无关。

被人讨厌，可能是因为你的优秀遭到了嫉妒。

不可否认，有时候优秀就是"原罪"，它会激起弱者的嫉妒、痛恨，这种情绪最终表现为讨厌。

学习好的孩子会被一些人嘲讽为书呆子；升职加薪的人会被某些同事认定为靠特殊手段上位；买了豪宅的人会被诬陷钱财来路不明；成功人士也会被人评判性格

怪异；等等。

被人讨厌，也可能是因为差异。

价值观不同的人产生交集时，就算表面风平浪静，人们的内心里也很可能产生了强烈的情绪。

一个人精挑细选送出的礼物，可能会被对方认为寒酸；一个人真诚地表达了不同观点，可能会让对方很反感；一个人提出了不同的解决方法，可能会被对方嫌弃多事；等等。

差异带来讨厌，这种事情太常见。所以，当你被人讨厌时，并不代表你有人际交往障碍或者性格问题，很可能是你和别人有所不同，或是你已经在某些方面超越了别人。那么，这是一件值得庆幸的事。

## 讨厌自己才可怕

无论你多么努力，这个世界上，总会有人讨厌你，所以，被人讨厌是件正常的小事，但讨厌自己才是可怕的大事。

有些人太会教训自己，甚至讨厌自己。

当有人表现出讨厌自己或给出负面反馈时，他们会和对方站在一起，讨伐自己。"我太糟糕了！""我怎么这么蠢！""我真是太无能了！""一定是我说错话了。"

受到不公待遇和莫名批评的自己已经够可怜了，为什么还要如此残忍地讨厌自己、欺负自己？

所以，其实很多人在社交关系中，在与整个世界相处的过程中，感到痛苦的根源就是这种自我摧残。

自信需要日积月累，自卑也同样是在日复一日的自我否定中形成的，在无数次无意识地讨厌自己、批判自己、质疑自己的过程中，我们摧毁了自己的精神支柱。

## 不必为满足别人的期待而活

你热心地帮人排忧解难，会有人觉得你假惺惺；你寡言少语，又有人觉得你假清高；你太累了想"摆烂"

调整一下，有人说你不思进取；你努力工作，又有人说你争强好胜；你失意时，有人说你不够拼；你混得好了，又有人说你傲慢无礼；等等。

你不可能让所有人都喜欢你。因为我们不可能满足所有人的期待。

被人仇视，被人讨厌，并不是一件愉快的事情，但同样也不是一件糟糕的事情。只要我们做好了自己，那么来自别人的"讨厌"，终究只是别人的情绪。

不必为满足别人的期待而活，忠于自己、守护自己、提升自己才是最重要的事。

所以，在做好自己的前提下，"被人讨厌"这件事，似乎没那么重要，因为从本质上来说，那终究是别人的事。

我们没办法决定别人是否喜欢我们，但我们能决定的是，在未来的漫长人生中与什么样的人同行。而冲出一切束缚、拥有真正自由的关键之一，就在于要有"被讨厌的勇气"。

# 6. 另一种交际

结交朋友经营人际关系，是一种提升自我的生活方式。但除了与身边的人交际，还有一些极简又令人舒适的交际方式，可以给我们提供一种优质的生命体验，比如阅读。

## 阅读就像交朋友

打开书就意味着可以了解不同作家的思想，走进不同的故事，认识一些故事的主角。随着阅读深入，你们之间的关系也就越密切。

这种关系不用费心经营，就可以受益无穷。这些跨越了时间和空间的"朋友"，会给你讲述一段动人的故事，一个奇妙的见闻，一门有价值的知识。

杨绛曾在她的作品《隐身衣》中提到："我觉得读书好比串门儿——'隐身'的串门儿。要参见钦佩的老师或拜谒有名的学者，不必事前打招呼求见，也不怕搅扰主人。翻开书面就闯进大门，翻过几页就升堂入室；而且可以经常去，时刻去，如果不得要领，还可以不辞而别，或者另找高明，和他对质。不问我们要拜见的主人住在国内国外，不问他属于现代古代，不问他什么专业，不问他讲正经大道理或聊天说笑，都可以挨近前去听个足够。"

这样相处起来非常舒服，又博学的"朋友"，何不多花些心思去结交？


## 那些"朋友"给予的力量

以交友的心态去对待阅读，寻找一些志同道合的"朋友"，这必定会是一件让我们受益无穷的事。

在人生中大大小小的时刻，这些"朋友"给予你无穷的力量。

当你为某些事情感到苦闷时，他会以一种宁静的方式为你解惑。

当你希望在工作中更上一层楼时，他可以帮助你提升技能。

当你为未来感到迷茫时，他可以帮你提升认知，明确目标。

………………

除了阅读之外，看电影、听音乐、做手工，等等，都可以收获一种如同友谊的情感。

结交朋友不一定要与人相交，只要是能给我们带来正向反馈的交际方式，都是值得投入的。

与物相交，与事相交，投入时间、精力和情感，会让你获得一种全新的体验。

哪怕你把一朵花当朋友来经营，像小王子浇灌他的玫瑰一样，内心也会充满幸福感。

　　况且，这样丰富的生活方式，也让生活过得更加有趣了，不是吗？

# 后 记

当你打开这本书的时候，我相信你一定已经对社交的
疲惫深有感触。那么，读到最后，你打算怎么做呢？

成长环境对人潜移默化的作用毋庸置疑。我们的出身
不是自己可以选择的，但我们的社交环境是可以由自己打
造的。

这是一个有些拥挤的时代，信息发达，节奏很快。我
们很容易就能与其他人建立联系，于是我们结交的人越来
越多。

杂乱的社交扰乱了本就忙碌的生活，人们倍感疲惫。
而人际关系带来的，不仅有来自社交的数量、频率，还有
来自认知、价值观的差异。所以，人际断舍离不仅仅是减

少应酬，还要整理社交关系，从观念上、思维上、方法上的多元化调整。这必然是一个循序渐进的过程，需要反复的思考和实践。而这个过程，也是将被动社交转变为主动社交的过程。

你在人际关系中的自主权越高，你对人际关系的掌控度就越高，这种可控感会消解你在社交中的无力感，随之你会发现，社交带给人的疲惫感也得到了很大的缓解。

另外，在人际关系的调整过程中，还有一点需要强调，那就是除了对周围关系的整理，我们更需要关注自我的提升。优化人际关系，提升社交圈层的根本，在于优化自我。因为，你是谁，你就会遇见谁。

请你从合上书页的这一刻开始，从人际关系的苦恼、疲惫中抽离出来，进入到解决问题的模式中去吧。

不是所有的关系都要维系，
不必把太多人请进你的生命里！
推开不喜欢的人际关系，
活得舒心且通透。

白马时光

图书 影视 文创

上架建议：畅销·心理励志

ISBN 978-7-5500-5166-9

9 787550 051669 >

定价：49.80 元